부동산 버블 붕괴는 어쩌다 시작되었나

일본의 집값 폭락과 우리 이야기

강철구 지음

어문학사

지난 10여 년간 옆에서 격려해 주신

고정식 교수님에게 이 책을 드립니다.

차례

제5장 한국 이야기

당연한 이야기

"한국도 일본처럼 자산 버블이 팽창한 후 폭락하는 과정을 경험하게 될까?"

"한국은 일본의 잃어버린 20년과 유사한 전철을 되풀이할 것인가?"

"한국과 일본이 경제 환경은 달라도 부동산 폭등과 폭락 과정은 비슷하지 않을까?"

이런 질문에 대해 많은 전문가들은 여러 상황을 설정하여 이야기하고 있다. 한마디로 정답을 딱 떨어지게 답하고 또 그 근거를 제시하면 좋으련만, 정답이란 게 존재하지 않으니 애매할 수밖에 없다. 나에게도 동일한 질문이 던져진다면 어떻게 하지? 고민해 봤다. 그리고 나 역시 애매모호한 답변을 제시할 수밖에 없다는 걸 스스로 눈치 채고는 이렇게 답변한다.

"그건 어디까지나 시장의 흐름이 결정하기 때문에 우리는 일본의 버블경제의 실패를 거울삼아 예방을 위한 충분한 노력을 하면 되지 않을까요?"

이러한 나의 답변과 달리 어쩌면 다음과 같은 단순 명쾌한 논리는 차라리 쉽다고 할 수 있겠다. "국가마다 환경과 상황이 다르고, 또 4차 산업혁명으로 전환하고 있는 지금과 같은 시대에서 한국은 일본처럼 잃어버린 10년이니 경기침체니 하는 식의 전철은 밟지 않을거야"라거나 또는 "밟을거야"라는 식의 답변 말이다.

부동산 버블 붕괴는 어쩌다 시작되었나

사실 현재의 한국 부동산 시장이 일본의 부동산과 주식 시장의 버블만큼 일반적인 상식 수준을 벗어날 정도로 급등과 급락을 한 것은 아니기 때문에 지금의 한국을 일본과 동일한 잣대로 빗대는 것은 무리가 있다. 일본은 상당히 짧은 기간에, 그것도 급격한 속도로 자산 가격이 상승했는데, 대부분 개인보다는 법인과 기업이 주도한 버블이었다는 점이 우리나라의 부동산 시장과는 차이가 있다고 보기 때문이다. 또 우리나라는 미국을 비롯한 특정 국가들이 모여 강압적으로 원화를 절상시킬 만큼 일방적인 무역수지 국가도 아니기 때문에 일본에게 강요했던 플라자 합의와 같은 국제사회의 요구는 없을 것으로 보인다.

　　문제는 대한민국 경제가 국제환경 변화에 민감하고 또 북한이라는 변수의 위험성을 내재하고 있다는 점을 간과해서는 안 된다. 어쩌면 이것이 미국의 압력에 의해 체결된 플라자 합의보다 더 큰 폭탄이 될 수도 있다. 그렇기 때문에 언제든 버블이라고 판단할 경우 일본을 교훈 삼아 금리를 조정하거나 정부의 적극적인 대응 정책 등 경제 상황에 대처할 수 있는 근육을 단련시켜 놓아야 한다. 왜냐하면 우리나라는 가계 자산 중 비금융자산이 차지하는 비율이 75~80%에 달해, 미국과 일본의 약 35%, 영국의 45% 수준에 비해 지나치게 높고, 또 비금융자산에서도 부동산이 65%를 차지하고 있기 때문이다. 이렇게 되면 부동산 불패 신화를 철석같이 믿고 있는 대다수 가계들이 그 피해를 온전히 떠맡아야 하는 상황에 직면할 수 있다. 그래서 부동산 시장이 위축될 경우 그것이 서민경제에 미치는 영향이 너무도 크다고 보기 때문에 어떤 정권이든 부동산 시장의 급격한 폭락과 폭등을 허락하지 않으려는 유인이 강했던 것이다.

그럼에도 불구하고 부동산은 정부정책을 비웃기라도 하듯 급등과 급락을 반복할 수 있고, 또 너무 오른 부동산과 주가는 언젠가 반드시 조정을 받을 것이 확실하기 때문에, 이때의 충격을 완화하기 위해서는 항상 연착륙soft landing 방안을 마련하는 것이 정부의 책임이기도 하다. 조심해서 나쁠 건 없지 않은가?

물론 부동산 역시 수요와 공급의 법칙에 따라 인구가 몰리면 올라갈 것이요, 인구가 빠지면 떨어지는 것이 당연한 이치이다. 또 이것이 경제학의 기본이기도 하다. 그런데 한국의 부동산만큼은 언제 어떤 변수에 의해 수요와 공급이 급격히 발생할지 정확한 예측이 불가능하다.

과거의 한국 사회는 부동산 정보를 입수한 복부인들이 어떻게 움직이는가의 방향에 따라 가격이 결정된 적도 있지만, 지금은 LH 직원이나 유력한 정치인과의 인맥 정도를 제외하고는 그런 정보가 일반인들에게까지 전달되기는 쉽지 않은 환경이다. 그리고 부동산정책과 시장 반응이 어떻게 움직일지 예측대로 움직이지도 않는다. 어쩌면 지금처럼 도심 한가운데의 인기있는 아파트 가격이 천정부지로 오르고 있다가, 코로나19 이후 재택근무에 익숙한 세대들을 시작으로 귀촌 붐이 불거나 또는 2022년 3월, 대통령 선거 이후 지방균형발전정책이 현실화되면서 지방 이전 또는 지방관광 활성화로 인구정책이 분산될 경우 아파트와 토지 가격이 또 어떻게 변할지 예측도 불가능하다.

이러한 내용들을 축으로 하여 이 책의 핵심 내용을 세 가지로 간추려 소개하자면 다음과 같다.

1) 일본의 부동산 버블 과정을 살펴보니 수요 공급 이론만으로 성립되는 시장이 아니었다.

2) 90년대 초반 일본의 부동산 붕괴가 오늘날에 이르기까지 일본을 경기침체에 빠트렸다.

3) 일본의 부동산 시장 붕괴 과정은 한국 입장에서 바로미터이다.

보통 국가 경제는 자산 가격이 급격히 떨어지면 '역逆부의 효과reverse wealth effect' 때문에 불황에 빠지게 된다. 그러니까 부동산이나 주식 등의 자산가치가 하락하면 소비심리가 얼어붙어 실물경제가 침체되는 악순환이 반복되는데, 지금 우리가 공부하고자 하는 일본의 자산 거품붕괴가 대표적인 사례이다.

그러니까 일본 정부는 1985년 미국과의 무역적자를 줄이기 위해 일본 엔화의 평가절상을 유도했던 '플라자 합의'의 결과물로 급격하게 환율을 내렸는데, 그 결과 1984년 말 250엔이던 엔화가 급락하면서 1987년 122엔까지 하락한 이후 엔고 현상은 상당 기간 지속되었다. 엔화가 고평가된다는 건 일본의 수출기업들이 미국을 비롯한 해외 시장에서는 가격경쟁력을 잃게 되고, 반대로 일본에 진출하는 해외 기업의 상품 가격은 저렴해진다는 의미이다. 그래서 일본 정부는 일본 기업을 보호하기 위해 수출이 감소한 분량만큼 내수주도형 경제구조로 전환하도록 유도하였는데, 이는 일본 국내에서 유효수요가 발생하면 그에 따라 수입도 확대되고 그렇게 되면 결국 미국의 요구대로 대미무역수지 흑자가 축소될 것이라고 판단하였기 때문이다.

마에카와 보고서前川レポート, 1986년에 따르면, 미국과의 무역마찰을 해소하기 위해서는 일본의 경제구조를 수출지향형에서 내수주도로, 그리고 국제협조형으로 전환하는 것이 바람직하다고 제시하였다.

1986년 당시 일본 수상이었던 나카소네 야스히로中曾根康弘, 1918. 5. ~2019. 11., 재임기간 1982. 11.~1987. 11.는 미일정상회담에서 이를 실행하겠다고 표명을 하였지만 정작 급격한 엔고가 발생하자 경기후퇴를 우려하여 공정금리인하와 공공투자 확대를 중심으로 대규모 경기진작 정책을 실행하기에 이르렀다.

그런데 이 시점에서 일본 기업들의 체질이 바뀌기 시작했다. 일본 기업들은 엔고로 인해 글로벌 시장에서의 가격 경쟁력이 떨어지자 마치 끓는 물속의 개구리처럼 내수용 제품에 만족해하는 '게으름'에 서서히 익숙해지기 시작한 것이다. 1억 2천만 소비자들이 재화와 서비스를 구매해 주다 보니 소위 일본형 '갈라파고스 현상'*이 정착되어 버린 것이다. 플라자 합의의 덤으로 얻은 불행의 선물이라고나 할까.

21세기에 들어와 디지털 대전환의 시점에서 대부분의 제조업들이 기술력에 목숨을 걸기보다는 소비자의 패턴을 재빨리 분석하여 시장에 제품을 내놓아야 글로벌 시장 경제에서 살아남을 수 있는데, 일본에서의 기술이란 마치 고

---

* 갈라파고스 현상(Galápagos syndrome)이란, 세계 최첨단 수준의 기술력을 갖추고 있던 일본의 제조기업들이 1990년대 이후 글로벌 표준을 무시하고 일본 내수시장만을 위한 제품을 생산하면서 세계 시장에서 고립되는 상황을 일컫는 말이다. 스마트폰이나 디지털TV방송, 미니디스크 등이 대표적인 예이다.

부동산 버블 붕괴는 어쩌다 시작되었나

밀도 정확성이 아니면 취급하지 않겠다는 꼰대같은 장인 정신에 자아도취自我陶醉하여 이를 자랑스러워할 뿐 시장의 변화를 보는 시각은 느렸던 것이다. 그래서 일본에서의 기술이란 시장market이 아니라 예술art이라고 비꼬아 칭찬 아닌 칭찬을 하는 것이다. 버블경제에 대한 일본 정부의 실정失政이 이렇게 만들었다.

자세한 내용은 본문에서 다루겠지만, 1990년 초부터 주식, 부동산 등 자산가치가 하락하자 일본 국민들이 부채를 갚기 위해 허리띠를 졸라매면서 소비 심리가 위축되고 기업은 투자의욕이 저하되면서 전반적인 장기침체를 경험했지만, 문제는 자산 가격의 하락이 단번에 끝나지 않았다는 점이다.

일반적으로는 자산가치가 떨어지기 시작하면 금융회사는 대출해 간 기업과 개인들에게 부채 상환을 요구할 것이고 그러면 채무자들이 자산을 매각해서라도 부채를 갚기 위해 너도나도 시장에 매물을 내놓으면서 자산 가격이 또다시 하락을 불러오는 악순환에 빠지게 되는 과정이 반복

된다.

1990년 초부터 시작된 일본의 불황을 왜 '잃어버린 10년'이라고 하냐면, 그때부터 2002년에 이르기까지 자산 가격 하락 규모가 1,500조 엔약 1경 6천조 원에 달했기 때문이다. 그러나 잃어버린 건 눈에 보이는 '자산'만이 아니다. 이런 과정에서 경제활동의 주역인 젊은 층들이 갖고 있던 자신들의 소박한 '꿈'마저도 잃어버렸다. 그래서 우리가 일본의 부동산 버블 현상을 살펴보면 현재 우리나라 부동산 시장에 대한 흐름을 예측할 수 있고 그 예측을 진단한 후 대비할 수 있다고 강조하는 것이다.

지금 한국에서는 일본의 부동산 폭등 경험과 유사한 현상이 나타나고 있다. 그렇다고 폭등의 정도와 폭락의 폭이 비슷하다는 의미는 아니니 오해는 없기 바란다. 우리나라는 부동산과 토지 가격이 일본의 버블만큼 단기간에 폭등한 적이 없고 또 폭락한 적도 없어서 결코 동일하지 않다는 것은 인정한다. 다만, 온 국민들이 생산을 통한 부의 축적이 아니라 은행 빚과 전세라는 독특한 제도를 이용해 쌓아 올린 아파트와 주식, 그리고 가상화폐의 가격 상승이라는, 어쩌면 화면 속에서나 보이는 허영虛榮된 숫자를 보며 부자가 된 듯 기뻐하거나 또는 우울해하고 있지만, 속마음 한편에서는 언젠가 무너질 것 같은 불안감에 긴장을 놓지 못하고 있다는 점이 유사하다는 의미이다. 마치 30년 전 일본이 그랬던 것처럼...

가볍게 생각해 보자. 모든 재화는 지나치게 오르면 거품이 터지기 마련이고, 반대로 필요 이상으로 내려가면 용수철처럼 튕겨 오르는 습성이 있다. 부동산에도 이러한 관성의 법칙이 적용된다.

사실 아파트에 대한 수요는 탄력적이어야 맞다. 마치 자장면 가격이 오르면 짬뽕이나 칼국수로 대체하듯 아파트 역시 가격이 오를 경우 빌라나 개인주택 등으로 대체재를 매매하면 되지만, 한국은 이를 무시하고 있다. 마치 아파트가 일생의 필수품인 양 수요가 비탄력적이다. 그래서 아파트의 다른 이름이 '그때 살 걸'이라고 하지 않는가? 게다가 인구 감소보다 두려운 생산가능인구15~64세의 감소는 이미 2018년부터 빠른 속도로 줄어들면서 경제성장의 잠재력마저 타격을 받고 있는 것이 오늘날 한국의 현실임에도 불구하고 지은 지 30년 된 아파트마저 여전히 샤넬이고 루이비통 가방처럼 비탄력적인 가격이 형성되어 있다.

출산율은 또 어떤가? 오히려 일본보다 더 빠른 속도로 내려가고 있다. 일본은 1억 2천만 명의 탄탄한 내수 경제가 받쳐주고 있고 엔화가 국제통화로 통용되는 나라여서 그나마 안정적인 편이지만, 한국은 5천만 인구마저도 계속 줄어들고 있고 2020년 가임여성15~49세의 출생률은 0.8까지 급락하면서 OECD 국가 중에서도 최저 출생률이라는 불명예를 얻었다. 두 명의 부부 사이에 한 명도 채 낳지 않는 지금의 상황은 2022년 이후로도 큰 변동이 없을 듯하다. 한일전도 아닌데 이런 것에서까지 일본을 앞서 나가서야 되겠는가?

초고령사회 진입도 일본보다 속도가 빠르다. 통계청은 2025년부터 한국이 만 65세 인구가 전체 인구의 20%를 넘어가는 초고령사회가 될 것이라고 예측했다. 이건 2030년을 예상했던 과거의 수치보다 훨씬 빨리 당겨진 숫자이다.

정말 심각한 상황이다.

한국 경제성장률 수치도 암울하다. 2018년 2.7%를 고점으로 2019년에는 2%마저 붕괴되었다. 2020년은 코로나19 바이러스 때문에 마이너스 성장률을 보였다. 2021년에는 역대 수출 최고의 성적으로 안정세로 돌아섰지만 언제 또다시 저성장의 덫에 걸릴지 예측 불가능한 시대를 맞이하고 있다. 지금 한국의 인구 감소 구조와 저성장세가 지속되는 모양새는 일본의 잃어버린 10년과 상당히 유사하게 흘러가고 있다.

일본은 국가부채 때문에 망하고 중국은 기업부채 때문에 망하고 한국은 1,800조 원에 이르는 가계부채 때문에 망할 것이라는 말이 있다. 우리나라는 2008년 금융위기 이후 빚이 두 배나 증가했는데, 한국 가계부채의 대부분은 아파트 구매를 위해 대출받은 돈이다.

최근 급격한 집값 상승으로 젊은 층들이 '영끌'^{영혼까지 끌어모아}을 하면서까지 주택 구매에 뛰어들어도 힘이 딸리자 '빚투'^{빚내서 투자}를 통해 주식과 가상화폐로까지 몰리며 가계부채를 증가시키고 있어 이에 따른 후유증이 걱정될 정도이다.

　자본주의 이론을 탄생시킨 아담 스미스는 '국부론'에서 "모든 사람이 자신의 이익을 쫓아서 합리적으로 행동하면 보이지 않는 손에 의해 시장질서가 유지되고 결과적으로 모두에게 이익이 된다"라고 했다. 이렇듯 인간의 이기심과 그에 따른 합리적인 행동이 자본주의의 대전제인데, 이러한 합리적인 행동 중 하나가 바로 상품의 효용가치와 가격을 비교하여 효용가치가 더 높을 때 거래가 된다는 것이다. 그러나 현실에서는 과연 인간이 합리적인 존재인가 하는 의문이 들 때가 많다. 특히 부동산 시장이 그렇다. 합리적이라는 인간이 비합리적인 아파트 가격을 뒤따라가느라 정신줄 놓고 있는 모습을 보면 더 그렇다.

요즘 일반경제학보다 행동경제학*에 관심이 쏠리는 이유 역시 인간의 경제행위가 그리 합리적이지 않을뿐더러 편의적이고 즉흥적이며 충동적이라는 주장이 타당하다고 여기기 때문이다.

행동경제학은 경제주체들의 환경과 심리에 따른 행동이 경제의 새로운 형태를 결정짓는다고 보는 학문으로, 부동산 광풍이 불 때 모델하우스 앞에서 줄 서 있는 분들이 행동경제학을 몸소 실천하던 분들이요, 반대로 광풍을 피해 잽싸게 부동산을 처분하고 현금화하는 분들 역시 남들보다 한발 앞선 동물적 감각, 심리적 감각을 보여주는 행동경제학자들이다. 그리고 이 두 부류의 결과는 또다시 행동경제학의 결과에 따라 희로애락喜怒哀樂이 달라질 것이 분명하다. '경제학은 심리학이다'라고 하지 않는가?

그렇기 때문에 부동산엔 분명히 심리적 요인이 크게 작

---

* 2002년 노벨경제학상은 이례적으로 프린스턴 대학의 심리학자인 대니얼 카너먼(Daniel Kahneman, 1934~) 교수에게 수여했다. 기존 경제학의 이론적 기반인 인간의 합리성 가설을 뒤엎은 공로 덕분이다.

용하고 있다는 것을 염두에 두어야 한다. 물론 장기적으로는 공급과 수요라는 기본적인 원칙을 벗어나지 않겠지만 그만큼의 장기적인 시야를 두기에는 우리의 인생이 너무도 짧다. 그래서 사람들은 그때그때의 대세의 흐름을 직시하는 쪽으로 기울어지는 것이다.

케인스의 미인투표론beauty contest 역시 버블형성이 합리적이지 않다는 것을 알려준다. 미인대회의 투표에 참석한 심사자에게 다음과 같은 조건이 부여되어 있다고 가정을 해 보자.

룰은 이렇다. 심사자는 100명의 미인 후보자 가운데 가장 아름다운 5인을 선택해서 투표를 해야 하는데, 이때 각각의 심사자는 본인이 가장 아름답다고 생각했던 미인에게 투표할 것 같지만, 실제로는 다른 심사자들이 평균적으로 이러이러한 스타일을 미인이라고 생각할 것이라고 짐작하고는 투표를 하게 된다는 것이다. 자신의 예측보다는 다른 사람의 예측에 신경을 쓰게 되고 또 다른 사람의 예측 역시 또 다른 사람의 예측에 의존하게 되는 형태로, 예측의 무한한 연쇄가 일어나게 된다. 이것이 소위 말하는 '미인 투표론'이다.

부동산에서도 미인투표와 유사한 상황이 발생한다. 현실의 아파트 가격이 상식적인 가격과 거리가 있다는 것을 모두가 인식하고 있지만, 많은 거래자들은 이 괴리가 당분간은 지속될 것이라고 다른 사람들이 믿고 있겠지?라고 예측해서 움직이는 것이다.

사실 나는 개인 주택도 좋고 또 널찍한 빌라에 사는 것도 괜찮지만 그건 내 생각일 뿐, 체면도 생각하지 않을 수는 없다. 대학 교수가 대단한 직업은 아니지만, 나는 그렇다 쳐도 일단 아내가 난리칠 것이다. 친구들에게 빌라에서 살고 있다는 말을 차마 못하겠다고. 아니 빌라가 어때서...

사실 이런 류의 부부싸움은 나뿐만은 아닐 것이다. 대부분이 아파트를 선호하고 있으니 '나 원 참' 하고 혀를 차고는 늦게라도 아파트로 이사가려고 하는 게 보통 사람들의 심리다. 그리고 그 예측이 미인투표와 유사하게 현실에 그대로 반영된다. 그러니까 미인투표에서 나타났던 심사자들의 심리처럼 아파트 가격에서도 나타난 것이 바로 부동산 버블로 이어지는 것이다.

이번에는 일본의 버블 발생에 관한 이론을 투자가들의 '불충분한 정보'와 '화폐착각'으로 설명해 보고자 한다.

첫째, '투자가의 불충분한 정보'에서 발생하는 버블 이야기다. 1980년대 중반부터 도쿄에서는 확인되지 않은 소문이 돌았다. 전 세계 금융센터로 도쿄東京가 낙점받았으니 앞으로 토지 가격이 천정부지로 뛰는 것은 '따 놓은 당상'이라는 잘못된 정보가 시중에 전달되면서 도심부의 오피스 수요가 급격히 증가했다. 그런데 이러한 정보를 고급 정보인 양 소수만이 알고 있다고 생각하는 사람들과 지금이라도 막차를 타야 돈을 벌 수 있다고 생각하는 사람들이 시장에 뛰어들면서 실제로 상업용 부동산 건물과 토지가 급등한 것이다. 이러한 현상을 경제학에서는 허딩Herding이론이라고 한다.

그런데 혼자만 똑똑한 줄 착각하고 있는 사람들의 IQ를 어림잡아 120 정도라고 넉넉히 인심을 써 주더라도, 이걸 반영하는 시장의 IQ는 어떨 것 같은가? IQ 12,000이 넘는다. 나만 정보를 갖고 있는 것 같지만 실제로 시장에 뛰어드는 사람들은 모두가 비슷한 정보에 의지한다. 그것이 충분한 정보이든 아니든 그런 정보를 갖고 있는 사람들의 IQ가 모두 모여 곧바로 시장에서 반응한다. 그 다음에는 '사람'의 IQ를 뛰어넘는 시장원리가 작동하게 되는 것이다. 이렇게 불충분한 정보의 시장에 올라탄 후에는 내 재산을 지키기 위해 모두가 지속적으로 더 오르기를 바랄 뿐이다.

둘째, 화폐의 명목가치를 구매력으로 오해하는 '화폐착각money illusion'이다. 다른 서비스와 재화도 가격이 올랐는데 부동산만 올랐다고 착각하는 것이다. 부동산 투자 역시 실질이자율을 기준으로 투자해야 하는데, 금융완화로 화폐가 시중에 풀리다 보니 화폐착각이 따라온다.

우리나라를 뒤돌아보자. 코로나19로 금리를 올리지 못하고 있던 상황에서 풍부해진 유동성자금이 아파트 투기로 몰리게 된 것을, 마치 수요가 급증한 것으로 잘못 인식하고 불안해하며 많은 사람들이 막차라도 타기 위해 부동산 시장에 뛰어들었다. 화폐착각으로 분별력이 떨어진 투자가들이 명목이자율이 떨어질 때 그것에 의존하여 투자하게 되면 자산 가격은 폭등하게 마련이다.

자 이제 생각을 정리해 보자. 10년 뒤 대한민국의 부동산은 어떻게 될까? 우리나라의 부동산 가격을 전망할 때 전문가들은 일본 부동산 가격의 역사적 추이를 많이 참고한다. 특히 부동산 가격이 폭락할 것이라는 주장을 하고 싶을 때의 근거로 일본 사례를 자주 인용하고 있다. 그리고 이러한 주장은 대체로 거시적 측면에 치우쳐 있는 것도 사실이다. 일본의 1980년대 중반의 플라자 합의와 그 이후 90년대 '잃어버린 10년'을 지나오는 과정에서 겪었던 잘못된 거시금융정책의 결과가 부동산 가격 폭락의 원인이었다는 점에서 그렇다.

그래서 말이다. 나는 이 책에서 한국의 현재 부동산 가격이 버블이냐 아니냐를 명확히 논하지는 않겠다. 다만 일본의 버블 발생이 어떤 결과를 초래했는지에 대해 자세히 설명하고, 이를 통해 우리나라가 부동산 버블 가능성이 존재한다면 어떻게 대처해야 할지, 그 결과가 어떻게 나올지에 대해서 논하기로 한다.

일본의 자산 버블과 폭락으로 인한 1990년대 장기불황이 오늘날에 이르기까지 일본 경제에 어떠한 부정적인 영향력을 초래했는가를 지켜보면서 우리나라 경제가 처한 현 상황을 진단해 볼 때, 우리나라 역시 일본식 장기불황으로 진입할 가능성을 배제할 수는 없다. 따라서 일본의 버블경제 발생의 원인과 이후의 경기침체를 상세히 설명하고, 이를 통해 향후 우리나라의 부동산 안정을 위한 정책적 대응 방안을 모색하고자 한다. 아무래도 사전예방 조치가 사후 수습 대책보다 더 의미있고 중요하지 않을까?

책을 구성하면서 지극히 주관적인 저자의 고집을 반영하여 그래프와 표, 사진 등은 최소화했다. 물론 표나 그래프가 객관적 사실을 증명하는 것처럼 보이는 측면은 분명히 있지만 일반 독자들의 가독성을 떨어뜨릴 수 있고, 또 이로 인해 그 자체가 팩트인 양 착시현상을 일으켜 오히려 자기확신을 가져올 염려도 있기 때문이다.

참고로 이 책은 부동산 입문서가 아니다. 나는 부동산 전문가가 아니기 때문에 이 책에서는 부동산 거래 시 필요한 전문 용어들은 등장하지 않는다. 조금 더 솔직히 말하면 부동산이나 주식 매매와 관련해서는 잘 모른다. 오히려 경제학 용어가 더 많이 등장한다. 따라서 이러한 점을 염두에 두고 이 책을 읽기 바란다.

아무쪼록 이 책이 한국 부동산 시장의 안정과 장기불황 대책에, 그리고 정책 입안에 조금이라도 보탬이 될 수 있기를 희망하며, 혹시라도 잘못된 해석과 어설픈 주장은 모두 나의 책임이니 독자 여러분들의 질정叱正은 달게 받겠다.

제1장

일본 부동산
폭등의 전초전

1. 일본의 무역흑자

동서냉전체제의 덕을 본 일본

1980년대 중반 이후 발생했던 일본의 부동산과 주식의 폭등 원인을 알기 위해서는 고도경제성장부터 짚어봐야 한다. 1955~73년까지 미국의 실질성장률이 3%, 유럽의 주요국들도 기껏해야 5~6%에 불과했을 때 일본은 평균 10% 전후의 고도경제성장을 이루면서 패전 이후 경제적 기적을 일구어 냈다.

아니, 전 세계에서 유일하게 두 번의 원폭을 맞고 패전한 국가가 어떻게 이렇게 빨리 일어날 수 있는 거지? 의아해 할 수도 있다. 이유는 간단하다. 2차 대전 이후 동서냉전체제 하에서 서구 선진국들이 군비경쟁으로 정신없을 때 일본은 미국과의 안보조약* 덕분에 이데올로기 싸움에서 잠깐 비껴나가 민생용 기술혁신을 발전시킬 수 있었기 때문이다.

당시 성장률을 이끌었던 원동력은 기업들의 설비투자

---

* 한국전쟁이 한창이던 1951년 9월 8일, 샌프란시스코 오페라하우스에서 한국이 빠진 48개국이 참가한 가운데 대일강화조약(The Treaty of Peace with Japan, 평화조약 또는 샌프란시스코 강화조약이라고도 한다)이 체결되고 2시간 후 미일안보조약(The USA-Japan Security Treaty, 구안보조약)이 조인되었다. 그러나 이 조약은 단순히 2차 대전을 종결하는 정도의 내용이 아니라 공산주의를 방어하기 위해 일본을 재무장시키고 일본 내 미군 주둔의 기지 사용을 보장하는 방안이 포함되어 있었다. 게다가 일본 내 기지를 제3국에 대여할 경우 미국의 동의권이 필요하고 일본에 대규모 내란이나 소요가 발생하여 일본 정부의 요청이 있거나 일본이 외부로부터 공격받을 때는 미군이 출동할 수 있도록 되어 있어 사실상 불평등 조약이라는 불만이 꾸준히 제기되어 왔다. 이를 근거로 1961년 1월, 아베신조의 외조부인 기시 노부스케(岸信介 1896. 11. ~1987. 8., 재임 1957. 2.~1960. 7.) 총리는 아이젠하워 대통령을 만나 일본 국내의 정치적 소요에 대한 미군 개입 가능성과 일본이 제3국에 기지를 대여할 경우 미국의 동의를 필요로 한다는 조항을 삭제하는 신안보조약을 재정했다.

부동산 버블 붕괴는 어쩌다 시작되었나

와 수출, 그리고 소비였다. 특히 일본 기업들이 출시했던 신제품, 신기술은 하루가 멀다 하고 전 세계 시장을 장악해 나갔으며, 이들을 생산으로 연결시키는 설비투자가 전 산업에 걸쳐 확대된 점이 고도의 경제성장에 큰 힘이 되었다. 게다가 가계 저축률은 20%를 넘어 기업의 자금조달을 뒷받침해 주면서 설비투자가 날개를 달았던 시대이기도 하다.

수출이 워낙 잘 되다 보니 기업들은 투자가 투자를 부를 정도의 투자 도미노 메커니즘이 생겨났고 내구소비재가 급속히 보급되면서 소비도 덩달아 확대되었다. 그리고 이를 통해 메이드 인 재팬 상품은 어떠한 장벽도 없이 전 세계 시장을 누볐다.

이로써 1950년대에는 '삼종의 신기三種の神器'*로 불리던 흑백 텔레비전, 세탁기, 냉장고가, 그리고 60년대는 '3C'로

---

*　일본의 역사서인 일본서기(日本書紀, 720)에 따르면 아마테라스 오미카미(天照大御神)로부터 하사받아 지금의 일본 천황에게까지 계승되고 있다고 하는 거울, 칼, 구슬을 삼종의 신기라고 말한다. 보통 일본에서는 뭔가 특별한 3가지가 있을 경우 자주 응용하는 용어이다.

명명되는 컬러 텔레비전Color TV, 에어컨Cooler, 승용차Car의 수요가 폭발적으로 증가했다. 일본 기업들이 국내시장만으로는 수요창출이 불가능하다는 것을 인지하고는 전 세계 시장을 개척하면서 연 13.5%씩 무역수지가 증가했고, 이에 힘입어 설비의 근대화와 기술혁신이 뒤따르면서 일본 제품의 국제적인 경쟁력은 비약적으로 높아졌다.

해외로부터의 기술 도입 의욕이 왕성하고 또 이렇게 도입한 기술을 일본화Japanification 하다 보니 기술진보도 날개를 달았다. 또 동서냉전체제라고는 하지만 이 시기에 자유무역 체제가 정비된 것도 일본의 수출 환경을 개선하는 데 도움을 주었으며, 나아가 에너지와 원료를 안정적으로 확보할 수 있었다는 점도 이후의 일본 경제가 고도성장기로 이어지는 데 이바지했다.

자 이제 일본 부동산 시장의 화두를 던졌으니 슬슬 이야기를 풀어 나가보자.

닉슨쇼크의 덕을 본 일본

한편, 1971년 8월 15일, 미국의 리처드 닉슨Richard Nixon, 1913~1994, 재임기간 1969. 1.~1974. 8. 대통령은 금과 달러의 교환을 중지하고 모든 수입품에 대해 10%의 관세를 부과한다는 내용을 발표했다. 소위 말하는 닉슨쇼크Nixon Shock다. 1971년 이전에는 달러 가치를 금 1온스약 31.1g 당 35달러로 고정시켜 놓았기 때문에 35달러를 들고 오면 금 1온스와 교환해주겠다는 보증을 해 주었지만, 이제부터는 그렇게 하지 않겠다는 선언을 한 것이다.

미국은 전 세계의 80%에 상당하는 금을 보관하고 있었고 보유한 금의 양만큼 1온스 당 35달러를 찍어낼 수 있지만, 이는 판도라의 상자와 같아서 언제든 뚜껑을 열게 되면 지금껏 보유했던 금은 사라질 수 있는 허접한 구조였다. 그런데 미국이 무려 15년간 이어진 베트남전으로 재정지출이 증가하게 되자 이를 보충하기 위해 보유하고 있는 금의 양보다 훨씬 많은 달러를 찍어내야만 했다. 그러자 달러 가치가 하락하는 것을 눈치챈 유럽 국가들이 서둘러 달러를 금으로 교환하려고 줄을 서면서 금값이 상승하기 시작했고, 미국 입장에서는 금을 요구하는 대로 주다간 바닥이 날 것이 뻔하니 잽싸게 긴급발표를 한 것이다.

'오늘 이 시간 이후 브레턴우즈 시스템*인 달러-금 태환 정책을 포기한다.'

사실상 이 말은 더 이상 다른 나라들이 달러를 가져와서 금으로 바꿔달라고 해도 바꿔주지 않겠다는 의미이다. 왜냐면 당시 미국은 세계 경찰국가로 공산주의 진영으로부터 자본주의 국가들을 지켜내야 했고, 이를 위해서는 미국이 원하는 만큼 달러를 찍어내야 했는데 그러려면 금을 끌고 와야 했다. 사실 미국의 입장에서는 금에 연동된 달

---

* 브레턴우즈 시스템(Bretton Woods system)은 미국의 세계 패권을 알리는 신호로, 제2차 세계대전 종전 직전인 1944년 미국 뉴햄프셔주 브레턴우즈에서 44개국이 참가한 연합국 통화금융회의에서 탄생되었다. 이때 설립된 국제기구가 국제통화기금(IMF)과 국제부흥개발은행(IBRD)이다.

러 가치를 지키는 것이 굉장히 큰 부담이었던 것이다.

그런데 닉슨쇼크 이후 달러를 금에 고정시키는 고정환율제를 버리고 변동환율제를 도입하면서부터는 미국의 부족한 달러 자금을 메꾸기 위해서 금을 대체할 뭔가를 필요로 했는데, 그것이 바로 미 재무부가 발행하는 미국국채 US Treasury 이다.

이제 미국은 금 대신 국채를 더 많이 발행하면서 달러를 마음대로 찍어낼 수 있었고, 이때부터 달러가 다시 급격히 풀리면서 본격적인 인플레이션 시대로 진입하게 된다. 이런 흐름 속에 중동 산유국들이 똘똘 뭉쳐 이스라엘과의 분쟁을 빌미삼아 석유를 무기화하는 오일쇼크*까지 발생했으니, 미국 입장에서는 인플레이션을 걱정하지 않을 수가 없었다.

그런데 기름값 상승은 단순한 문제가 아니다. 석유는

---

*   1973년 10월 제4차 중동전쟁을 계기로 아랍 산유국들이 석유가격을 대폭 인상하면서 제2차 세계대전 후 1960년대까지 계속된 세계적인 고도성장을 종언시키고 스태그플레이션의 시대를 초래하였다.

모든 재화와 서비스와 연동되기 때문에 미국뿐만 아니라 전 세계적으로 물가상승이 동반되었고 일본 역시 예외는 아니어서 급격한 물가상승에 놀라 '광란물가狂亂物價'라는 신조어까지 만들어 표현하였다.

이제 물가가 상승했으니 사람들이 소비를 줄이는 것은 당연하다. 그렇게 소비가 줄어드니 공장이 안 돌아가고, 공장이 안 돌아가니 불황이 뒤따라 엄습해 왔다. 이때 미국은 인플레이션의 직격탄을 맞으면서 물가상승^{인플레이션}과 경기불황^{스태그네이션}이 동시에 발생하는 스태그플레이션 stagflation*으로 혼돈의 시대를 맞이했다.

1979년 미국 연방준비은행FRB 의장에 취임한 폴 볼커 Paul A. Volcker, 재임기간 1979. 8.~1987. 8.는 달러공급에 의한 유동성 팽창과 오일쇼크에 의한 물가상승이라는 두 마리 토끼

---

*   스태그네이션(stagnation:경기침체)과 인플레이션(inflation)을 합성한 신조어로, 호황기에는 물론 불황기에도 물가가 계속 상승하면서 불황과 인플레이션이 동시에 나타나는 상황을 말한다. 1970년대 석유파동으로 경기가 침체하는 과정에서도 물가는 계속 상승한 것이 대표적인 예이다.

부동산 버블 붕괴는 어쩌다 시작되었나

를 잡기 위해 1981년 기준금리를 급격히 인상하는 고금리 정책을 실시하여 인플레이션을 잡았다. 이때 20%에 육박하는 고금리를 견디지 못한 미국 중소기업의 약 40%가 도산하였고, 높은 이자를 갚지 못한 농민들은 빚더미를 껴안고는 워싱턴까지 상경해 극렬한 시위를 벌였지만, 물가상승률은 1983년 3.2%까지 떨어져 일단 물가는 어느 정도 안정되었다는 평가를 받았다. 그를 '인플레이션 파이터 inflation fighter'라고 부르는 이유가 여기에 있다.

문제는 인플레이션은 안정되었다고 하지만 달러가격이 급격히 치솟고 미국의 많은 산업군이 해외로 공장을 이전하는, 소위 오프쇼어링 off-shoring이 진행되면서 실업률이 10%를 넘어서는 것은 막지 못했다. 이때 미국 내 제조업 생산분야가 위축되자 그 자리를 치고 올라온 샛별이 바로 제조업 강대국 일본이었다.

일본은 가성비 좋은 제품을 들고 전 세계를 상대로 호황을 누리며 돈을 긁어모았는데, 그중에서도 가장 잘 팔린 곳이 바로 소비국가 미국이었다. 닉슨쇼크 덕분에 일본이 글로벌 시장으로 진입할 수 있는 공간이 마련된 것이다. 그 결과 JVC, 소니, 파나소닉, 토요타, 혼다, 캐논과 같은 일본 기업들이 기술력과 가격경쟁력까지 갖추면서 미국과 유럽의 경쟁사들을 고사시키고 세계 시장을 장악해 나갔다. 크기만 하고 디자인은 떨어지는 데다 비싸기만 한 미국 제품이 어떻게 예쁘고 작고 깜직한 메이드 인 재팬을 이길 수 있겠는가?

당연히 미국 제품의 경쟁력이 떨어지면서 무역적자는 눈덩이처럼 불어났다. 반대로 일본은 세계 1위의 무역흑자를 기록하며 막대한 자본을 비축해 놓을 수 있었다. 특히 경상수지 흑자로 일본 국내에 달러가 유입되자 유동성 자금은 풍부해지고 물가는 상승압력을 받으면서 일본 경제에 살짝 거품이 발생했다. 실제의 경제수준보다 국민경제가 부풀려 보이는 착시현상 덕분에 일본인들이 '돈맛'을 보고는 과소비의 문으로 들어갔던 것이다.

일방적으로 한쪽만 잘나가는 것은 결코 좋은 게 아니다. 경쟁자로부터 공격받기 십상이기 때문이다. 그래서 경상수지는 큰 범위 안에서 균형을 이루는 것이 바람직하다고 할 수 있는데, 일본은 마냥 달러를 긁어모으기만 했으니, 미국이 화가 날 만도 했다.

당연한 결과겠지만 미국의 대외 수출경쟁력은 저하되고 내수부진과 더불어 무역에서도 적자의 늪에서 빠져나오지 못했다. 문제는 여기가 미국이라는 점이다. 세계 경찰국가 미국이 가만히 손을 놓고 있을 수만은 없지 않은가? 왜냐하면 미국 경제는 미국만의 문제가 아니기 때문이다.

일본이 항상 이익만 보는 것은 아니다. 이제 피해 본 이야기도 해 보자.

레이건에 피해를 본 일본

이때 혜성처럼 등장한 인물이 레이건Ronald Reagan, 1911. 2.~2004. 6., 재임기간 1981. 1.~1989. 1.이다. 1981년 제40대 미국 대

통령에 당선된 레이건은, 당시 멈출 줄 모르고 상승하던 물가를 안정시키고 무역적자와 실업을 해소하고자 레이거노믹스Reagonomics정책을 펼쳤다.

레이거노믹스의 일환으로 미국은 케인스의 유효수요론*에서 벗어나 공급 측면을 자극하기 위해 세금을 적극적으로 인하하는 한편 정부규제는 완화하고 연방예산은 삭감하는 정책을 취했다. 이로써 물가상승은 한 폭 꺾이고 실업률도 감소하면서 가시적인 성공을 거두었다는 평가를 받기 시작했다.

이렇게 공급주의 경제학이 수면 위로 부상하면서 경기는 회복되었지만 그렇다고 일본과의 무역적자가 해결된 것은 아니었다. 이유는 간단하다. 인플레이션을 잡기 위해 고금리정책을 고수하고 달러강세를 유지해 왔기 때문에 수출은 가격경쟁력이 떨어지고 수입은 증가하는 경제

---

* 1929년 대공황 이후 시장의 법칙으로 통용되었던 '세이의 법칙'이 무너지고 수요가 공급을 창출한다는 케인스의 이론이 하이에크가 등장하기 전까지 주류를 이루게 되었다.

학원리가 작동되었기 때문이다.

여기에 또 하나, 레이건은 이제 공산주의와의 친선을 추구했던 70년대 데탕트Détente 시대를 마감하고 냉전의 긴장감을 끌어올리면서 스타워즈star wars에 힘을 쏟았는데, 여기서도 문제가 발생했다. 이게 무슨 말인고 하면, 소득세 감세정책으로 정부의 재정수입이 줄어들었는데도 군사비 지출은 오히려 늘어나면서 막대한 재정적자가 발생했던 것이다. 무역적자에 재정적자까지 겹치는 쌍둥이적자 시대로 접어들자 미국은 내부의 불만을 외부로 돌리기 위한 희생양scapegoat을 필요로 했고 그렇게 선택한 것이 일본이었다.

그때 당시만 해도 미국은 슈퍼파워를 자랑하는 국가이자 일본의 수출품 대부분을 흡수할 만큼의 엄청난 수입국이었기 때문에 미국이 일본을 희생양으로 선택했다 해서 일본이 언감생심焉敢生心 미국에게 반기를 들 생각을 할 수 있는 수준까지는 아니었다. 이게 오늘날 미중패권전쟁과는 다른 점인 듯하다. 그러니까 중국에게는 미국이 하라는 대로 순순히 말을 들어야 할 정도로 미국에 신세진 것이 크지 않다는 것이다. 그러나 일본은 달랐다. 군사 안보면에서 미국에게 의존하고 있던 일본은 고개를 숙여야만 했다.

미국은 일본을 상대로 국제수지의 균형을 유지하기 위해, 또 자국 내 산업을 보호하기 위해 일제 상품에 대해 수입업자별로 할당량을 결정하고 그 한도 내에서만 수입을 승인하는 쿼터제를 도입하였다. 그리고 일제 상품 때문에 미국 내에서 발생하는 산업의 피해를 줄이기 위해 덤핑 관세를 부과하는 등 무역적자를 줄이기 위한 부단한 공격을 개시하였다.

신자유주의를 끌고 들어온 레이건이 그렇게 한 것이다. 아주 과감하게 일본을 공격했다.

2. 일미 무역전쟁

투키디데스의 함정, 재팬 배싱

일방적으로 잘 나가는 것이 결코 좋은 게 아니라는 걸 일본을 보면 알 수 있다. 1970년 노벨 경제학상 수상자 폴 새뮤얼슨 Paul Samuelson, 1915. 5.~2009. 12.은 일본이 미국 경제를 추월할 것이라고 전망했다. 에즈라 보걸 Ezra Feivel Vogel, 1930. 7.~2020. 12. 역시 일본이 세계 최고라며 한참 꿀 바른 칭찬을 하고는 강의비 받는 재미로 여기저기 불려다니느라 정신없는 세월을 보내기도 했다. 미국 내에서는 이러다가 10~20년 후에 일본 경제에 추월당하지 않을까 하는 분위기가 팽배했을 정도였다.

　지금 일본이 한국을 바라보는 시각을 생각하면 이해하기 쉬울 것이다. 2019년 7월 1일, 일본이 반도체와 디스플레이의 핵심소재 3품목에 대한 수출규제 조치라는 코리아 배싱 Korea-bashing을 한 것도 70년대 말 미국의 일본에 대한 공격, 그리고 지금 중국에 대한 미국의 공격과 같은 맥락이라고 볼 수 있다. 마치 투키디데스의 함정 Tuchididdes Trap처럼 말이다. 그러니까 일본의 수출규제는 한국이 4차 산업혁명에 필수인 반도체와 디스플레이 품목을 중심으로 글로벌 세계의 강자로 부상하는 것에 대한 일본의 두려움과 반작용으로 충돌을 일으키게 된 케이스라고 할 수 있다.

　당시 미국이 그랬다. 그래서 일본을 공격하는 무기로 반덤핑 anti-dumping과 세이프가드 safeguard, 긴급수입제한조치 등을 택했다. 미국의 ZENITH TV*, RCA TV**는 일본의 소니와 토시바 TV와의 가격경쟁력을 버티지 못했다. 더 이상 미국 내에 TV를 제조하는 업체가 하나도 남아 있지 않을 만큼 초토화되고 나서야 정신이 바짝 든 미국은 반덤핑 관세로 일본을 때리기 시작했다. 그리고 그 공백을 우리의 삼성과 금성 골드스타 TV가 반사적 이익을 누렸다. 미국 시장을 잃은 일본은 그럴 바에야 차라리 한국이나 동남아에 일본의 기술을 이전해서 일본산 부품과 소재를 팔고 로열티를 받아내는 시스템으로 바꾸는 게 낫겠다는 판단을 했다.

자동차도 마찬가지다. 70년대 두 차례의 오일쇼크 이후 미국 시장에서 일본의 가성비 좋은 소형자동차가 날개 돋친 듯 팔려 나가니까 미국 정부는 1981년 자동차 수출자

---

* 1918년에 설립된 제니스는 미국 TV시장 점유율 3위의 가전제품기업이었지만 일본의 파상 공세에 밀리면서 추락하다가 1995년 7월 LG전자가 57.7%의 지분을 확보하면서 LG에게 경영권을 넘겨주었다.

** RCA TV 역시 일본 가전업체와 한국의 삼성과 금성(LG의 전신)의 미국 진출을 버티지 못하고 1988년 프랑스 톰슨에 팔리고 말았다.

율규제로 제동을 걸었다. 일본은 석유위기 이후 산업조정을 신속히 실현하고 여기에 ME혁명microelectronics revolution까지 가세하면서 대미수출이 급속히 증가했는데, 특히 저연비 승용차의 대미수출이 백미白眉를 장식했다. 일본 자동차 수입이 급증하자 전全 미주자동차노동조합 회장은 미국의 노동자가 일자리를 빼앗기고 있다며 일본차를 배척할 것을 제의했고 미 의회도 이를 지지하면서 정치문제로 비약하였다.

문제는 미국 입장에서 공공연하게 수입을 제한할 경우 자유무역의 원칙상 문제가 생기게 되니, 일본 정부의 지도 하에 대미수출 차량 수를 자주적으로 규제하는 선에서 해결하기로 하였다. 예를 들어 일본의 대미 자동차 수출 대수를 165만 대로 스스로 제한하도록 한 것이다. 이를 자율수출규제VER, voluntary export restraint라고 하는데 1990년대 초까지 계속되었다.

그러나 VER이 미국에 대한 수출을 제한하는 효과는 있을지 몰라도 이것이 무역적자에 대한 근본적인 해결책은 아니었다. 왜냐하면 일본 자동차 메이커들이 수출 대신 미국 땅에 현지공장을 만들면서 일본 본토로부터 자동차 부품 수입이 급증하였고, 또 현지공장에서 생산된 자동차가 증가하면서 미국 시장의 일제 자동차 점유비율은 오히려 상승했으니 말이다. 게다가 미국 내 일본제 수입차량이 줄어들었을 때 일본차를 사고 싶어하는 충성도 높은 미국 소비자들이 몰려들면서 어처구니없게도 일본차 가격이 상승하는 일이 벌어지기도 했다. 중고시장에서도 일본차의 인기는 여전하여 일본 자동차 메이커는 오히려 초과이윤을 거두어들였다. 이렇게 세상 일이 마음대로 안 되는 것이다.

이때 일본 메이커들은 소형차를 팔아서 돈을 벌기보다는 고급차를 파는 게 영업이익이 높을 것이라고 판단하고는 고급차로 업그레이드해서 미국에 진출했다. 토요타의 랙서스*가 그렇게 나온 것이다. 한국의 현대자동차도 비

---

* Lexus의 의미에 대해서는 여러 설이 있다. 가장 대중적으로 알려진 것은 luxury와 elegance를 조합해 만들었다는 설, 공모전에서 뽑힌 후보

숫한 길을 걷고 있다. 2015년 11월, 프리미엄 브랜드로 독
자화를 선언한 제네시스^{GENESIS}가 비슷한 맥락이라고 할
수 있다. 일본을 뒤따라가는 기분이 별로 좋지는 않지만,
따라간 다음엔 일본이 우리의 뒤를 따라오게 만들 수도 있
을 것이다.

아무튼 앞에 이어 말씀드리자면, 갑자기 미국의 소형차
시장에 공백이 생기자 현대의 포니^{수출명 엑셀}가 그 자리를 차
지하기 위해 미국에 진출하였다. 이때가 1986년 1월이다.
그리고 미국 시장 진출 첫해에 17만 대가 팔리면서 미국
《포춘》지의 '베스트 10' 상품으로 선정되는 기염을 토했
다.* 결코 잘 만들어서 팔린 게 아니었던 시절, 미국의 재

이름 중 하나였던 Alexis에서 A는 빼고 i는 u로 바꾸어 Lexus로 했다는
설, 그리고 또 하나는 'luxury exports to the U.S' 또는 'let's export to
U.S'의 첫 글자를 조합해 만들었다는 설도 있다.

* 포니가 가성비 좋고 튼튼해서 팔린 것은 아니다. 결국 잦은 고장과 사
후관리 부실로 엑셀 신화는 오래가지 못하고, 다음 해인 1987년 소나
타가 출시되면서부터 수출에 안정을 찾았다.

《아시아경제》2012년 7월 16일

팬 배싱이라는 운이 따라 준 것이다.

한편으로는, 일본 산업이 미국에서 경쟁력을 잃게 되어 물러나면 우리가 그 시장을 물려받고는 그 대가로 부가가치의 상당 부분을 일본에 로열티로 지불해야 하는 '가마우지 경제'*패턴이 오늘날에 이르기까지 이어지고 있는 점

---

*   한국의 반도체, 휴대폰, 자동차 등 주력산업에서 핵심 부품이나 소재를 일본으로부터 수입해 완제품을 만들어 수출하다 보니 부가가치의 상당 부분을 일본에게 빼앗기는 갑을 관계의 구조적 문제를 가마우지 낚시에 빗대어 사용한 말이다. 일본의 경제평론가 고무로 나오키(小室 直樹, 1932. 9.~2010. 9.)가 1989년 『韓国の崩壊 太平洋経済戦争のゆ

은, 마치 당뇨병에 치명적인 설탕처럼 빨리 끊어야 할 나쁜 유산으로 남아 있다.

아무튼 이러한 무역마찰이 격화되면서 미국에서는 보호주의 색채가 강한 통상정책으로 전환되었다. 자유무역을 추진했던 미국이 이제는 공정무역이라는 상반되는 이념을 드러낸 것이다.

국제사회란 게 이렇게 이기적이다. 특히 힘을 가졌다는 갑의 입장인 국가는 말해 뭐하겠는가.

무역전쟁에는 반도체도 있었다

한편, 1974년 통상법이 등장하면서 생긴 공정무역이라

〈え」(光文社)라는 책에서 처음 사용하였다.

는 개념이 레이건 정부 들어서 노골적으로 강도를 높이기 시작했다. 대표적인 제재가 1985년 미일반도체 마찰이다. 당시 미국 반도체공업회는 일본이 미국의 반도체 수입을 극단적으로 축소시키고 있다면서 일본에 불공정 관행이 있다는 트집을 잡아 통상대표부에 보복 조치를 제소했다.

사실 일본은 1970년대 게르마늄 트랜지스터*로 성공을 거두었고 미국은 실리콘 트랜지스터로 전환하였는데, 이게 노동집약적 산업이다 보니 미국은 임금을 절약하기 위해 반도체의 마무리 공정인 조립공정을 아시아로 이전을 했던 것이다. 그런데 품질관리가 제대로 이루어지지 않아 미국제 반도체에서는 불량품이 급증한 반면, 일본은 고품질을 무기로 미국의 반도체산업을 추격하기 시작했다.

미국은 모토로라, 인텔, 마이크론 등을 통해 전 세계 반

---

* 1960년, 반도체의 어머니격인 게르마늄과 실리콘 반도체로 만든 다이오드로 양자 관통현상을 발견한 소니의 에사키 레오나(江崎玲於奈, 1925. 3.~) 박사는 최초의 양자 전자소자를 연구한 공로로 1973년에 노벨물리학상을 받았다.

도체산업을 주도해 왔지만, 1985년을 기점으로 일본 반도체 기업들이 높은 품질과 낮은 가격을 무기로 미국 반도체 산업을 초토화시켰다. 화날 만도 한 미국은 이제 전 세계 메모리반도체 시장의 80%를 차지했던 NEC, 히타치, 미츠비시, 토시바 등을 반덤핑 혐의로 무역대표부USTR에 제소하였고, 그 결과 미일반도체협정을 체결하기에 이르렀다.

당시 미국의 일본에 대한 압박은 오늘날 미국이 중국의 통신장비 제조사인 화웨이HUAWEI가 반도체 부품을 조달하지 못하도록, 그리고 ZTE가 5세대 이동통신5G 기술을 사용하지 못하도록 압박하는 것에 버금갈 정도였다.

이후 일본의 반도체 세계 시장 점유율은 1988년 50.3%미국 36.8%에 이르는 꼭짓점을 찍고는 쇠퇴하기 시작*했고 그 빈자리를 차지한 것이 한국의 삼성과 SK이다.

---

*   김규판(2021. 7. 2.), "일본의 반도체전략 특징과 시사점", 오늘의 세계 경제, Vol.21. No.13.

미일반도체협정의 내용은 이렇다. 일본 기업은 더 이상 공정가격 이하로 미국에 반도체 수출을 하지 않을 것과 일본에서는 1992년까지 미국산 반도체 점유율 20%를 약속한 일종의 관리무역이라고 보는 게 합당할 것이다.

그런데 미국은 다음 해인 1987년 일본 정부가 이 조약을 준수하고 있지 않다고 판단하여 통상법 301조에 기초한 보복을 실시하였다. 이 조약은 1991년 기한 만료로 종료되었고, 다시 제2차, 3차 연이어 반도체조약을 체결하면서 일본에서의 반도체산업은 사양산업으로 전락하고 말았다. 결국 2012년 2월, 일본 최대의 D램 반도체 업체였던 엘피다히타치와 NEC 합자회사도 자금난을 이겨내지 못하고 법정관리를 신청해야만 했다. 그리고 2021년 8월 말, 일본 반도체의 마지막 보루로 지키고 싶어했던 '키옥시아KIOXIA, 구 토시바메모리'마저 미국의 웨스턴 디지털Western Digital에 인수된다는 기사*가 나오면서, 이제 일본의 반도체산업은 더 이

* 《한국경제》신문(2021. 8. 26.) 기사 참고.

상 일본 국내에서 터전을 잡기 어렵지 않을까 우려가 나오고 있다.

최근 반도체 공급에 위협을 느낀 일본은 구마모토현熊本県에 세계 최대 파운드리 기업인 대만의 TSMC와 소니의 반도체 자회사인 소니반도체솔루션SSS을 합작한 JASM을 통해 반도체 공급망 안전을 꾀하고 이를 바탕으로 국가 안보를 추구하겠다는 전략을 취하고 있다.[*]

사실 모두가 잘 알고 있듯이 1980년대 삼성과 SK하이닉스는 고만고만한 정도의 규모였고, 또 반도체산업에 투자한다는 게 밑 빠진 독에 물 붓기라는 비난도 있었지만, 어찌어찌하다 보니 이때 한국이 신흥 반도체기술국으로 부상할 수 있는 기회를 잡은 것이다. 지난했던 한일관계 역사상, 아마도 본의 아니게 일본 덕을 좀 봤다고 할 수 있는 첫 번째 기회가 아니었을까 한다.

한국의 기회는, 우선 1990년대 개인용 컴퓨터가 보급된

[*]   《한국경제》신문(2021. 11. 10.) 기사 참고.

글로벌 반도체 기업의 시장 점유율 위상 변화

	1987	1993	2011	2018	2020
1	**NEC** **(일)**	인텔 (미)	인텔 (미)	삼성 (한)	인텔 (미)
2	**토시바** **(일)**	**NEC** **(일)**	삼성 (한)	인텔 (미)	삼성 (한)
3	**히타치** **(일)**	모토롤라 (미)	TSMC (대만)	SK하이닉스 (한)	TSMC (대만)
4	모토롤라 (미)	**토시바** **(일)**	TI (미)	TSMC (대만)	SK하이닉스 (한)
5	TI (미)	**히타치** **(일)**	**토시바** **(일)**	마이크론 (미)	마이크론 (미)
6	**후지츠** **(일)**	TI (미)	**르네사스** **(일)**	브로드컴 (미)	퀄컴 (미)
7	필립스 (미)	삼성 (한)	퀄컴 (미)	퀄컴 (미)	브로드컴 (미)
8	NS (미)	**후지츠** **(일)**	ST (미)	**토시바** **(일)**	엔비디아 (미)
9	**미츠비시** **(일)**	**미츠비시** **(일)**	SK하이닉스 (한)	TI (미)	TI (미)
10	인텔 (미)	IBM (미)	마이크론 (미)	엔비디아 (미)	인피티온 (유럽)

KOTRA도쿄무역관 및 Company reports, IC Insights' Strategic Reviews database.

이후 일본 기업들이 세계 시장을 재패해 왔던 고성능 D램의 소비시장이 줄어든 탓이 크다. 기업이 아닌 개인용 PC를 사용하는 소비자들을 대상으로 하기에는 저가격에 대량생산된 제품이 필요했지만, 일본은 퀄리티 높은 기술을 선호하다 보니 수지 타산이 맞지 않았고 이때 한국의 반도체 기업들이 질보다는 가격이라는 당시의 틈새시장niche market을 파고 든 것이 맞아떨어진 것이다.

또 다른 성공요인으로는, 당시 두 기업이 주주의 눈치를 볼 필요가 없었던 한국 특유의 기업구조corporate governance인 오너경영체제였기에 가능했던 것이라는 해석도 일견一見 타당해 보인다. 전문경영인 체제였다면 아마도 미래에 대한 불확실성과 적자경영을 견디지 못하고는 당장 교체되거나 사업을 접었을 가능성이 높다. 오너경영체제든 전문경영체제든 한쪽만 좋다 나쁘다라고 하기보다는 일장일단一長一短이 있는 것이다.

아무튼 비슷한 상황이 발생할 수도 있는 오늘날, 일본 반도체산업의 몰락에서 우리는 교훈을 얻어야 할 것이다.

반도체 종주국이던 일본이 미국의 전방위적인 보호무역주의 압박에 견디지 못하고 퇴출당한 것처럼, 우리에게도 언제든 어떤 강국으로부터 그런 공격이 안 들어오리라고 누가 장담하겠는가?

세상일이라는 게 늘 그렇듯, 한국 역시 중국이나 동남아로부터 언제 추격당할지 모를 일이다.

No라고 말할 수 있는 일본

1985년경 일본이 미국 GDP의 72%까지 접근해 오자 많은 경제 전문가들은 조만간 일본의 경제력이 미국과 맞먹을 수도 있다는 전망을 내놓기까지 했었다. 그러다 보니 일본 내에서는 일본이 미국과의 여러 통상 협상에서 고개를 숙이고 들어가는 외교자세가 아니라 동등한 입장으로 임해야 한다는 의견이 우세했다.

소니의 창업주였던 모리타 아키오盛田昭夫, 1921. 1. ~ 1999. 10.

와 소설가에서 정치가로 변신한 이
시하라 신타로石原慎太郎, 1932. 9. ~의
『「ＮＯ」と言える日本'No'라고 말할 수 있
는 일본』1989, 光文社.이라는 책을 읽어보
면, 일본인들의 자신감과 거만함이
곳곳에서 표출되는 것을 느낄 수
있다.

　책이 출판되던 1989년 당시 미일무역마찰의 폭풍 속에
들어가 있던 소니의 모리타 회장과 공동 집필에 참여했던
이시하라는, 제목 자체에서도 알 수 있듯이 다소 국수주의
적 주장을 펼쳐 나갔다. 예를 들어 이시하라는, 미국은 노
동자들의 생산성이 떨어지고 수준도 낮아서 일본의 숙련
된 노동력으로 무장한 상품을 따라올 수 있는 수준이 아니
고, 오히려 일본은 소련과 고급정보를 교환하여 첨단기술
을 무기 삼아 미국에 의존하지 않아야 한다는 주장을 하기

도 했다. *

이런 식의 과격한 발언은 기업가인 모리타 역시 이시하라에 뒤지지 않았다. 미국은 M&A 등 머니게임에나 강할 뿐 제조업이 약한 나라이고, 또 일본과 같은 게마인샤프트 Gemeinschaft, 공동사회가 아닌, 게젤샤프트 Gesellschaft, 이익사회 여서 엄격한 공동체 지향적인 기업이 없고, 그래서 상품 수준이 떨어져 무역적자가 날 수밖에 없는 구조라고 비비꼬아 약올렸다.

실제로 1985년 미국의 전 세계 무역적자는 1,210억 달러에 달했는데, 그중에서 일본에게만 3분의 1에 해당하는 461억 달러의 적자를 기록했으니, 미국이 선택할 수 있는 최선의 전략이란 게 결국 강력한 환율정책 외엔 다른 대

---

* 이시하라의 차별 발언과 막말은 여기에 그치지 않는다. 그는 '망언제조기'란 별명답게 '중국인들은 민도가 낮다', '이 나라는 계속 미국의 부하 노릇을 해 왔다. 자칫 잘못하면 다음에는 옆 나라 중국의 부하가 될 수도 있다', '한국인들은 우는 소리 좀 작작 해라', '한일 합방은 조선인이 선택한 것이다' 등 이루 셀 수 없을 정도의 망언을 퍼붓는 것으로 유명한 우익계열 정치인이다.

안이 없었을지도 모른다. 그래서 준비한 것이 플라자 합의다.

'No'라고 말하고 싶어 하는 '싹'을 초기에 차단하고자 하는 미국의 마음을 담아 합의했던 1985년을 일본은 잊을 수가 없었을 것이다.

제2장

본격적인
버블경제

1. 부동산 버블의 신호탄 플라자 합의

플라자 합의

　일본의 부동산 버블을 이야기할 때, 그리고 잃어버린 10년을 이야기할 때 빠지지 않고 나오는 단골 메뉴가 바로 플라자 합의Plaza Accord다. 당시 일본의 상품은 질이 좋은 데다 가격경쟁력도 갖추었기 때문에 미국을 상대로 엄청난 흑자를 내고 있는, 그야말로 황금시대를 보내고 있었다. 그렇다고 미국이 당하고만 있던 것은 아니었다. 앞서 언급한 것처럼 일본산 섬유, 철강, 그리고 전자제품과 자동차, 반도체 등에 대해 쿼터제를 도입하고 덤핑 관세를 부과하는 등 다양한 무역제재로 대응을 했지만, 그래도 일본과의 무역적자는 줄어들 기미가 보이지 않았다. 그래서 고민한 것이 이제는 개별 대응이 아니라 아예 수출의 근간이 되는 환율 자체를 강제로 조절시키기로 한 것이다. 일본을 적대무역Adversarial Trade국으로 대하겠다는 의지를 담아서 말이다.

"일본 경제는 영원할 것이다. 전쟁에선 졌지만 경제에
선 미국을 이기고 있다."

이렇게도 과도한 자신감이 일본을 지배하고 있던 그 시절, 미 재무장관 베이커James Baker, 1930~는 뉴욕 플라자 호텔에 미국, 영국, 프랑스, 독일, 일본 등 G5 재무장관들을 불러들였다. 그리고 이 자리에서 일본 엔円화와 독일 마르크Mark화의 가치를 강제로 올리고 달러 가치는 내려 미국의 계속되는 무역적자를 해소하고자 했다. 그때가 1985년 9월 22일이다.

당시 환율에 대한 구체적인 수치는 제시되지 않았지만,

플라자 합의에 참석했던 다케시타 노보루^{竹下登}, 1924. 2. ~ 2000. 6. 장관은 자발적으로 엔화의 가치를 10% 이상 절상하겠다고 해서 모두를 놀라게 만들었다. 아마도 이번 기회를 이용해 세계 제2위의 경제대국에 걸맞는 정치 파워도 얻고 싶은 욕심이 지나치게 앞섰는지, 아니면 세계 경찰 미국의 폭력적인 강압을 이길 수 없다는 것을 인정하고 알아서 굽신거린 건지는 바로 뒤의 내용을 읽으면서 독자 여러분들께서 판단해 주시기 바란다. 아무튼 여기서부터 일본 부동산 버블의 본격적인 시작을 알렸다는 점은 부정할 수 없는 사실이다.

플라자 합의가 어떤 결과를 초래했는지에 대해서는 여러분들이 아시는 바와 같다. 미 달러화 가치를 내릴 수 있도록 서로 노력하고 대외 불균형 축소를 위해 재정 통화정책을 공조한다는 두 줄의 성명이 전부였지만, 20분 남짓의 회의가 일으킨 후폭풍은, 당하고 있던 일본의 입장에서 볼 때 엄청난 대가를 치루어야만 했던 토네이도급 치욕이었다.

플라자 합의 직전 달러 당 240엔대에서 머물던 환율은 합의 3개월 만에 200엔대로 20% 절상되었고, 3년 후에는 120엔대로 엔화 가치가 2배로 수직 상승했다. 그러니 앞서 다케시타 장관의 자발적인 10% 절상이란 게 얼마나 약삭빠른 제안이었는지 짐작이 갈 것이다. 아니 좋게 말하면 엔고의 후폭풍에 대한 두려움을 완화하고자 했던 선견지명先見之明이었다고 해줄까? 비록 미국이 받아들이진 않았지만...

그렇다면 엔화의 절상이 어떤 결과를 가져오는지 단순하게 계산해 보도록 하자. 예를 들어 1달러 200엔 하던 일제 볼펜이 플라자 합의 이후 1달러 100엔으로 엔화의 가치가 두 배 절상되었다고 할 때, 미국에 수출해 왔던 볼펜을 이제는 미국 사람들이 두 배나 주면서 살까 말까 고민해야 하는 상황에 직면한 것이다. 사실 아무리 좋은 제품이라고 해도 두 배나 주고 선택하기에는 부담이 갈 것이다. 아니 어쩌면 주저주저하다가 발길을 돌릴 확률이 더 높다.

이제 반대로 일본에 들어오는 수입품목은 어떨까? 플라

자 합의 전 2만 엔에 구매했던 미국산 나이키 운동화는 두 배나 절상된 엔화 덕분에 이제는 1만 엔에 구매가 가능해졌다. 그러니까 엔화의 가치가 두 배로 상승하니까 자국 물건은 해외에서 두 배로 오르게 되고 외국산 물건은 일본에서 반값으로 살 수 있게 된 것이다. 강력해진 엔화를 들고 해외로 나가 반값으로 원정 쇼핑하는 일본인들이 여기저기 보이는 것이 자연스러운 시대가 되었다.

한국 경제는 어땠을까? 플라자 합의 덕을 제대로 봤다. 1986~88년에 걸쳐 3저底호황저금리, 저유가, 저달러을 누리면서 사상 최초로 무역수지 흑자를 달성하기도 했다. 1985년 20.8억 달러의 적자에서 1986년 27.6억 달러의 흑자를 기록한 것이다. 앞서 미일 반도체협정 덕분에 삼성과 SK가 반사이익을 누린 것처럼, 플라자 합의에서도 덕을 본 것이다.

의도치 않게 굴러들어 온 떡을 한국이 걷어찰 필요는 없지 않겠는가? 더군다나 상대가 일본인데...

위기에 직면한 일본 기업들

일본의 기업과 언론에서는 엔고에 따른 어려움을 토로하며 일본은행*에 경기부양을 위한 저금리정책을 강력히 요구했다. 반면 미국은 일본 정부에게 내수확대 조치를 취하라고 압박했다. 이에 따라 일본은 플라자 합의 한 달 후인 10월 15일, 경제대책각료회의를 통해 '내수확대에 관한 정책'을 발표했다. 1억이 넘는 인구의 내수시장을 키워서 미국 제품도 수입하라는 미국의 요구에 대해 일본 정부는 1985년부터 87년 5월까지 6조 엔의 재정을 풀었다.

---

*   미국의 연방준비은행(FRB)이 정부기관이 아닌 준민간기관이듯, 일본은행 역시 도쿄증권거래소 JASDAQ에 증권번호 8301로 상장되어 있는 일본 정부로부터 독립한 법인일 뿐 공공기관이 아니다. 정부가 55%, 민간기업이 45%를 출자하고 있고, 민간출자자는 비공개이기 때문에 누가 얼마나 일본은행주를 보유하고 있는지 알 수는 없지만, 아마도 일본의 재벌이나 최상류층일 가능성이 높을 것이라고 추정할 뿐이다. 물론 일본은행법에 의거하여 일본은행 주주들에게 의결권이 있거나 또는 직접 배당을 하는 것도 아니고 이익은 고스란히 국고로 반환된다.

사실 일본의 많은 기업들은 수출에 의존해 왔기 때문에 달러 약세는 일본 수출기업들의 해외 시장 경쟁력을 떨어뜨렸다. 게다가 일본 주변에는 한국을 비롯해 대만과 태국 등 일본 수출품을 대체할 수 있는 아시아 국가들이 포진해 있었기 때문에 일본 기업들의 배아픔은 더했을 것이다.

이렇게 엔고 현상이 지속되면서 일본 본토에서 제품을 생산해 수출하기에는 수지가 맞지 않다 보니 많은 기업들이 값싼 노동력을 활용할 수 있는 동남아시아로 생산거점을 이전하기 시작했다. 동남아로 가면 훨씬 싼 인건비로 제품을 만들 수 있는데 굳이 일본 내에 투자할 유인誘因이 없었던 것이다. 일본 기업들의 오프쇼어링off-shoring이 활발해지면서 산업의 공동화 현상이 발생한 것이다.

이제 일본 내에서의 신규 설비투자는 정체되고 수출은 감소하면서 경제성장률은 플라자 합의가 있었던 1985년 6.3%에서 다음 해인 1986년에는 2.8%로 급격히 하락했다. 이 수치는 1973년 오일쇼크 이후 최악의 성장률로 기록되었고, 이로써 일본 정부는 엔고 극복을 위한 부양책이 절실히 필요했던 것이다.

플라자 합의를 기억할 수밖에 없는 이유가 바로 여기에
있다.

루브르 합의도 있다

1987년 2월 22일, 이번에는 미국의 뉴욕이 아닌 프랑스
파리 루브르에서 G7 재무장관들이 다시 만나, 이제는 통
화안정에 협조하자는 루브르 합의Louvre Accord를 맺으면서
플라자 합의는 2년 만에 종결되었다. 달러 가치가 더 이상
떨어지면 각국의 경제성장이 저해된다는 게 이유였다. 역
시 힘을 가진 미국다운 발상이다.

루브르 합의로 일본은 더 이상 엔고 의무를 지지 않아
도 되었지만 이상하게도 일본은행은 루브르 합의 다음 날
인 1987년 2월 23일 재할인율을 3%에서 2.5%로 다시 인
하했다. 바보같은 짓을 한 일본은행의 정책이 시장에 잘못

된 시그널을 주는 계기가 된 것이다. 이렇게 해서 시장에 풀린 풍부한 유동성 자금은 주로 주택과 부동산 시장으로 흘러들어 가면서 멈출 줄 모른 채 버블이 부풀어 오르기 시작했다.

　마치 오늘날 많은 한국의 유튜버나 부동산과 관련된 학과의 교수들이 지금의 한국 부동산 가격 상승에 대해 버블이 아니고 가격이 더 오를 것이라고 주장하듯, 일본에서도 대부분의 분석가들은 당시의 상황을 전혀 버블이 아니라고 단언했다.

　사실 이후에도 부동산은 더 올랐으니 틀린 분석은 아니었다. 다만 예언자 같은 발언을 해도 책임질 일이 없는 이런 분들의 발언 때문에, '그래 내가 막차는 아닐거야' 하며 불안한 마음을 털어내고는 부동산 시장에 뛰어든 분들에겐 버블 붕괴 후에 따른 재산 손실이 단순한 아쉬움 정도가 아니었을 것이다.

　그런 가운데 아사코浅子, 2015같은 학자는 일본에서 '과잉 유동성'이 존재했기 때문에 부동산과 주식에서 거품이 지속적으로 형성되었다고 정확히 지적*을 했지만, 이런 목소리는 소수에 불과했다.

그래서 나도 소수가 되고 싶다. 지금이 어쩌면 막차일 수도 있다고 주장하는...

블랙 먼데이

그렇다고 일본은행이 이러한 이상 현상을 방관만 한 것은 아니었다. 1987년 하반기에 버블에 대한 염려 때문에 금리인상을 논의했지만 더 이상 지속되지는 못했다. 그 이유는 1987년 10월 19일 월요일, 때마침 전 세계 자본시장의 중심인 뉴욕증시가 개장하자마자 급락하는 블랙 먼데이black monday가 발생했는데, 이때 다우존스Dow Jones 지수

---

* 浅子·飯塚·篠原(編)(2015), 『入門日本経済』, 有斐閣. p.73.

부동산 버블 붕괴는 어쩌다 시작되었나

가 대공황 이후 최고치인 22.6%나 폭락하는 불운한 경험이 일본에게도 영향을 미쳤기 때문이다.

당시 미국도 인플레이션에 대응하기 위해 10년 국채금리를 7.2%에서 10%로 올렸고, 이로 인해 주식시장에서 자금이 빠져나가기 시작했다. 결국 미국은 제2의 대공황을 염려하여 은행 금리를 9.75%에서 9.25%로 다시 낮추고 대형사들 중심으로 자사주매입을 결정하면서 대처해 나갔다. 홍콩 역시 구제금융과 금리인하를 결정했고 영국도 이자율을 인하했다.

일본은 어땠을까? 사실 일본은 금리를 올리려고 했지만, 결국은 금리안정책으로 선회하면서 거품 팽창을 2년이나 더 방치하고 말았다.

현재 한국 부동산 시장의 뇌관을 저금리에 바탕한 1,360조 원에 이르는 막대한 가계부채라고 보는 경제 평론가들이 많은 이유도, 이를 손보지 않으면 금리가 상승할 경우 엄청난 충격이 올 것이라고 보기 때문이다. 그렇게 되면 대출로 아파트를 구입한 서민들은 집을 매물로 내놓거나 아니면 자신의 집을 전세*로 주고 이사가야 할지도 모른다.

영끌로 아파트를 구매했거나 주식과 가상화폐에 투자 했던 젊은이들은 서민들이 받을 충격보다 더 심각할 수도 있다. IMF 때를 뒤돌아보면, 대출받아 집 사고 건물 사들 였던 분들이 마포대교로 갔지, 현찰을 갖고 있던 사람들은 높은 금리를 요구했던 IMF를 즐겼다는 말들이 떠돈 것을 기억할 것이다.

더구나 우리나라는 미국이나 일본과 달리 기축통화 국이 아니기 때문에 헬기에서 원화를 마구 뿌릴 수도 없 다.** 혹시라도 한국에서 외화가 빠져나가는 등의 외부충

---

* 한국의 전세제도는 건물주에게는 월세와 달리 임대료를 신경 쓰지 않 아도 되어 좋고 세입자는 목돈을 보존할 수 있어 좋은 제도처럼 보인 다. 그러나 세입자 입장에서는 물가상승으로 전세가 오르거나 또는 금 리인하로 유동자금이 넘쳐나면 전셋값이 폭등하거나 월세로 전환될 염려가 있어 주거불안정을 느끼게 된다. 그러다 보니 내 집 마련이 간 절해지고 주택에 대한 수요가 늘어나게 된다.

** 2008년 미국 발 금융위기 당시 중앙은행이 경기부양을 위해 국민들에 게 직접 양적완화정책(QE)을 펼칠 때 벤 버냉키(Ben Bernanke, 1953. 12.~) 연

부동산 버블 붕괴는 어쩌다 시작되었나

격이 올 경우 우리가 처절하게 경험했던 IMF 때처럼 국가부도사태 직전에 이르러 또다시 금 모으기 운동을 하지 않을 것이라고 누가 장담할 수 있겠는가? UNCAD^{UN 무역개발협}의회에서 선진국으로 인정^{2021. 7. 4.}받았다고 해도 한국은 아직 갑작스런 외부의 변화에는 약한 국가이다.

지금 한국의 국가부채가 사상 최악이고 또 가계부채 역시 늘어나는 상황이 일본의 버블 경기 때와 유사하다는 점을 생각하면, 향후 한국의 버블이 붕괴될 경우 우리 역시 디플레이션에서 빠져나오는 것이 쉽지 않을 것이라는 전망이 틀린 것이 아닐 것이다.

디플레이션, 즉 이 말은 쉽게 해석해서 저성장, 저금리, 저물가와 동의어이다. 저성장은 일자리창출이 어렵다는 말이고, 저금리에는 자본소득이 발생할 만한 투자처를 찾기 어려운 상황이라는 뜻이며, 물가가 하락한다는 것은 여기에 부동산도 포함된다는 의미이기도 하다.

준 의장이 달러를 찍어내면서 '헬리콥터 머니(helicopter money)'라는 별명이 붙었다.

그래서 일본의 경우를 참고하면 좋겠다. 일본은행은 경기회복을 지원하기 위해 기준금리인상을 최대한 늦추다가 부동산 버블이 발생하자 기준금리를 단기간에 큰 폭으로 인상하면서 부동산 시장의 버블을 붕괴시킨 원죄가 있다. 만일 일본은행이 적절한 속도로 조절을 해 가면서 인상하였다면 부동산 시장이 안정적으로 연착륙했을 텐데 뼈아픈 정책의 실패를 가져왔던 것이다. 그런 점에서 볼 때, 최근 2021. 8. 26. 한국은행이 기준금리를 0.5%에서 0.75%로 0.25%로 인상한 것은 적절한 대처였다라고 해석할 수 있다.

그리고 불과 석 달 만인 11월 25일, 0.75에서 다시 1%로 인상하면서 이제 한국도 제로금리 시대의 막을 내렸다.

2. 금리인하정책

일본 대장성의 실수

1984년 일본 대장성은 일반 기업들에게도 '투금계정'을 합법화해 주는 어이없는 실수를 범했다. 원래 투금계정이란 투신사투자신탁회사들이 은행에 자금을 유치하고 투신*업무를 할 수 있도록 만든 계정인데, 일본의 대장성은 어쩐

---

*　투신이란 투자신탁(投資信託)의 준말로 투자자의 돈을 맡아 주식 등에 투자해 운용하는 것을 말하는데, '투신자살'이 떠오르는 부정적인 어감 때문에 지금은 '자산운용'이라는 단어로 대체하여 사용하고 있다.

일인지 이것을 일반 기업들에까지 확대시켰다. 그러니까 한마디로 요약을 하자면, 지금까지는 비금융권의 경우 불법으로 취급했던 펀드 투자를 이제는 기업도 주식이나 채권 등에 투자할 수 있도록 문을 열어주었다는 말이다.

어쩌면 이것이 일본 버블경제의 포문을 연 단초였을 수도 있다. 왜냐하면 이 때문에 기업은 자본이득세capital gains tax를 한 푼도 내지 않고 증권사 투금계정에 돈을 넣어두고 재테크를 즐길 수 있게 되었기 때문이다. 그리고는 업무용인지 비업무용인지 구분하기도 힘든 부동산을 구입하기 시작했다. 1985년 9조 엔에 불과했던 투금계정의 잔액이 1989년에 이르러 무려 4배가 넘는 40조 엔까지 팽창하였으니, 기업들의 재테크가 얼마나 만연했던 시대였던가 짐작이 갈 것이다.

이게 왜 문제가 되냐면 당시 일본인들이 기업의 현금흐름에 대해서는 신경도 쓰지 않은 채, 오로지 재테크로 불어나는 자산만 보고 성장하는 기업으로 착각하고는 주식시장에 달려들었기 때문이다.

죽을 줄 알면서도 나선을 그리며 불 속으로 뛰어드는 불나방처럼...

일본은행의 실수

'결론적으로 말하자. 20년 넘게 디플레이션으로 힘들어하는 일본의 불황은 거의 모든 것이 일본은행의 금융정책에서 그 원인을 찾을 수 있다.'[*]

수출 위주 성장 구조를 갖고 있던 일본 기업들의 경쟁력이 엔화 절상으로 서서히 약화되는 것을 지켜본 일본 정부의 새로운 선택은 금리인하정책이었다. 일본은행이 금리를 인하했던 이유는 기업의 자금조달에 대한 부담감을 줄여서 설비투자에 돈을 쓰라고, 그리고 가계는 소비를 하

---

[*]　　하마다 고이치(2021), 『경제학 천재들의 일본 경제비판』, 어문학사, p.8.

라고, 그래서 경기를 부양할 수 있도록 1986년 1월부터 87년 2월까지 다섯 차례에 걸쳐 5%에서 2.5%로, 당시로서는 사상 최저 수준의 금리인하를 단행했던 것이다.

금리가 인하되면 물이 흐르듯 자연스럽게 대출이 수월해지고 유동성 자금이 풍부해지면서 소비가 늘어나기 때문에 경제주체들의 경제활동이 활발해진다. 굳이 경제학 이론을 들먹이지 않더라도 제로금리 시대에 은행에 돈을 넣어두는 바보들은 없을 것이다. 어디선가 은행보다 금리를 더 받는 곳이 있거나 그 돈으로 투자해 금리 이상의 수익이 보장될 거라고 생각하면 누가 은행에 예금을 하겠는가? 그래서 부동산 시장으로 가는 것이다.

부동산不動産은 말 그대로 주식이나 채권, 예금이나 보험과 달리 움직이지 않고 항상 그 자리에 실체가 있는 자산이다 보니 사람들이 직관적으로 부동산에 열광한다. 그렇기 때문에 금리를 인하하면 부동산 시장에서의 기대수익률이 상대적으로 더 높아지고 이때 자산 가격이 급격하게 상승하게 되는 것이다.

당시 일본 주식과 부동산은 우상향밖에 몰랐기 때문에

주식이든 부동산이든 안 사면 바보였던 시기였다. 저금리로 시장에 풀린 유동성 자금은 지난 40여 년간 고도성장을 구가한 경험만 있을 뿐 불황을 제대로 겪어보지 못해서 그런지 주로 부동산과 주식시장으로 몰려들었다. 그 결과 1987년 봄부터 일본의 경제성장률은 4.1%, 1988년 7.1%, 1989년 5.4%, 1990년 5.6%, 1991년 3.3%까지 성장하는 듯 보였지만, 그 배경이 부동산과 주식시장으로 쏠린 버블의 결과물이었다는 것을 잊으면 안 된다.

일본은행의 금리인하정책의 목표와 달리 주식과 부동산에 돈이 쏠리는 '금융 불균형financial imbalance' 현상이 발생한 것을 보면 이론과 현실은 괴리가 있다.

주식 폭등

주식시장의 거품을 판별할 때 사용하는 개념이 주가수익비율PER, price to earning ratio, 주가를 주당순이익으로 나눈 수치인데, 일본 전체 주식시장의 PER은 1985년 33배에 이르렀다. 플라자 합의에 따른 금리인하 단행 이후 1989년에 이르러서는 67배에 달하였다. 이는 기업의 영업활동에 비해 주식 가격이 높게 형성됐다는 의미다.

일본 증시가 폭등하던 시기에 일본 정부는 NTT*를 민영화했는데, 공모가와 공모 주식 수를 발표하지 않았는데도 투자자들이 공모청약에 몰려들면서 상장 시초가가 120만 엔이나 급등했다. 그럼에도 단 이틀 만에 25%가 추가 상승했고, 2주 뒤에는 100%나 상승한 240만 엔까지 올랐으며, 버블이 정점이던 1989년 말에는 400만 엔 부근까지 치솟았다. NTT 단 한 개사의 시가총액이 당시 서독 주식시장 전체 시가총액에 다다랐고, 한국 GDP의 70%에 육박할 정도였다고 하니, 이것만으로도 일본 주식가격의 버블이 얼마나 심했는지 충분히 짐작할 수 있을 것이다.

1985년부터 거품이 정점에 도달했던 1989년 말까지

---

*　1992년 NTT에서 분리된 NTT DOCOMO는 28년 만인 2021년 2월 들어서 NTT가 자회사로 다시 흡수했다.

　　부동산 버블 붕괴는 어쩌다 시작되었나

의 4년 사이에 닛케이지수*는 약 3배, 6대 대도시의 주거지 공시지가는 91년까지 6년 동안 3배, 그리고 상업지가격은 무려 5배나 상승했다. 1986년 평균주가가 13,000엔대였지만, 1989년 12월 9일 닛케이지수는 사상 최고가인 38,915를 찍게 된다. 이건 말 그대로 비정상적인 자산가치의 상승이다. 참고로 2021년 11월 시점 닛케이지수는 버블 당시의 최고점에 대비해 이제야 겨우 70% 수준에 달하는 2만 8천 선을 넘어섰다.

그래서 버블이라고 하는 것이다. 달리 이유가 있는 것이 아니다.

---

*   1975년부터 니혼게이자이신문사(日本経済新聞社)가 발표하는 평균주가지수를 말하며, 동경증권거래소에 상장된 주식 가운데 유동성이 높은 225개 종목을 대상으로 산정된다.

LTV 120% 시대

한편 기업이 보유한 토지 가격이 올라가자 기업에 대한 평가가치도 덩달아 상승하였다. 이것이 주식시장에도 반영되면서 기업의 주가가치를 상승시켰고 기업들은 이를 이용하여 전환사채convertible bond나 신주인수권부사채bond with warrant를 발행해 자금을 조달하고 이것을 다시 수익이 좋은 주식이나 부동산에 재투자하는 일이 반복되었다.

사람들은 부동산 투기로 벌어들인 돈으로 전에 없던 호황과 사치를 누리기 시작했다. 대도시에는 돈이 넘쳐났고 그에 걸맞게 거리의 네온사인은 더 화려해졌다. 그야말로 부동산과 주식 투기 열풍에 혹시라도 뒤쳐져 촌놈이란 소리를 들을까봐 온 국민이 뛰어든 것이다.

은행이 부동산 상승에 대한 확신이 없었다면 LTVLoan to Value Raito, 주택담보대출비율*를 120%까지 내 줄 리가 없다. 이

---

*   주택을 담보로 돈을 빌릴 때 인정되는 자산가치의 비율로, 만일 1억짜리 주택을 담보로 돈을 빌릴 경우 LTV가 60%라면 최대 6천만 원까지

부동산 버블 붕괴는 어쩌다 시작되었나

말은 최소한 금융권에서는 집값이 1.2배 이상은 오른다는 확신이 있다고 판단했기 때문에 대출해 주겠다는 의미이다. 자기 돈 한 푼 없이도 120%를 대출해 주겠다는 금융권이 있는데, 전 국민이 부동산 투기를 안 하고 배기겠는가? 현금을 쥐고 있으면 바보로 취급 받던 시대로, 이게 바로 일본의 주가와 부동산 가격이 급상승한 배경이다.

현재 한국은 규제지역의 경우 LTV가 40%, 비규제지역은 70%로 제한하고 있는데, 적절한 수준이라고 보인다. 모 대통령 후보자께서 신혼부부와 청년층의 주택담보대출 비율인 LTV를 80%로 인상하고 양도소득세 세율을 인하하겠다는 공약을 발표했는데 지금과 같은 부동산 버블 시기에는 위험한 발상일 수 있다. 왜냐하면 부동산을 대출 위주로 매입할 경우 주택담보가액 대비 대출액 비중이 늘어나 혹시나 모를 부동산 가격 하락 시 원금과 이자 갚기에

빌릴 수 있다. 그런데 일본은 이때 1억 2천만 원을 대출해 주었다는 것이다.

부담을 느끼는 대출자들이 지레 겁을 먹고 시장에 매물을 내놓게 되는 원인이 되기 때문이다. 따라서 현재의 LTV 수준을 유지하는 것이 향후 부동산 가격의 하락에 따른 완충작용을 할 수 있을 것이다.

당시 일본 금융권의 LTV 120%는 과해도 너무 과한 대출이었다.

3. 부동산 폭등

1억 명 부동산업자

버블이란 단어는 내재가치에 비해 시장가격이 과대평가될 때 쓰이는 비이성적인 투기행위를 일컫는다. 굳이 우리말로 바꾸자면 '거품'보다는 '과열'로 해석하는 것이 의미전달에 맞다고 본다. 버블보다 약한 가격현상을 붐boom이라고 하는데, 붐이 과열되면 버블이 일어나고 그 후 버블이 붕괴되면 불황과 경기침체로 이어지는 사이클이 형성되는 것이다.

그러나 이러한 현상은 플라자 합의 때가 처음은 아니었다. 일본은 1960년대부터 1970년대까지 소비자물가지수가 2배 오르는 동안 토지 가격이 50배 정도 급등하는 경험을 한 바 있다. 산술적으로 계산하면 땅값의 실질 가치가 25배 급등한 것이었으니, '오르기는 해도 절대 떨어지지는 않는다'는 토지 불패 신화가 신화에 머문 게 아니라 현실 그 자체였다는 것을 일본인들은 고도경제성장을 하는 동안 체득했다.

오를 때는 외부에서 힘이 가해지지 않는 한 관성의 법칙에 따라 계속 오르려는 속성이 있어서 도쿄와 오사카 등 이른바 일본의 6대 도시의 지가는 3.7배까지 급등했다.* 지가가 상승하는 와중에 일본은행이 기준금리를 6%에서 2.5%까지 떨어뜨렸더니, 은행들은 대출 경쟁을 벌였고, 앞서 설명했듯이 LTV가 120% 가능했기 때문에 누구라도 토지만 있으면 이를 담보로 자금을 끌어들여 다른 저렴한

---

* 도쿄, 요코하마, 오사카, 나고야, 삿포로, 고베 등을 일본의 6대 도시라고 한다.

땅을 사고, 이렇게 사 놓은 땅의 지가가 오르면 또다시 토지를 담보로 추가 대출을 받아 또 다른 토지를 구매하는 이상한 시스템이 작동하기 시작한 것이다.

일단 시작만 하면 화수분처럼 불어나는 자본으로 엄청난 부를 형성한 부동산업자들이 여기저기서 나타나기 시작했다. 도쿄의 부자 동네인 미나토구港区를 중심으로 시작된 부동산 광풍은, 마치 한국에서도 강남을 벗어나 주변까지 확산된 버블세븐지역을 지정해서 관리했던 것처럼, 도쿄東京를 넘어 요코하마横浜, 가나가와神奈川, 사이타마埼玉, 치바千葉 등 관동평야 전체로 번져 나갔다. 더 나아가 오사카大阪에서 케이한신권京阪神圈으로, 그리고 나고야名古屋에서 토요타시豊田를 포함한 아이치현愛知県 광역권으로 일본 전역에서 '1억 명 부동산업자'라는 말이 돌면서 패닉 바잉Panic Buying이 시작된 것이다. 최대한 물량을 확보하려는 시장심리의 불안 때문에 가격에 상관없이 발생하는 매점매석 현상이 발생한 것도 이때이다.

버블은 숫자에서도 뚜렷이 나타났다. 1987년 상업용 융자금액이 74조 3천억 엔이었는데 1991년 148조 6천억 엔으로 두 배 이상이, 그리고 주택용 융자금액도 75조에서 127조 엔으로 두 배가량 증가하였다. 상업용과 주택용을 합하면 불과 4년 만에 융자금액이 126조 4천억 엔을 넘어섰다는 의미이다.

부동산을 담보로 유가증권을 발행하여 자금을 조달하는 것을 부동산의 증권화라고 하는데, 이렇게 하면 은행을 통해 대출을 받지 않고도 직접금융으로 자금조달이 가능해진다. 이게 무슨 말인고 하면, 일본이 국제결제은행의 자기자본비율BIS 8% 규제로 간접금융을 통한 자금조달은 어려워졌지만, 부동산의 증권화를 이용해 버블이 팽창하는 데는 일조를 하게 되었다는 의미이다.

도쿄의 지가는 1981년부터 버블 붕괴 직전인 1990년까지 5배 이상 폭등했는데 이 중 대부분은 1987년~1988년 1년 사이에 3배나 오른 상승분이 차지한다. 이렇게 거품이 붙는 속도가 빠르다 보니 부동산 버블이 정점을 찍었던 1990년 당시 일본의 GDP 대비 토지 가격 비율은 5배를 초과했다. 이는 1955년 1.3배에서 1987년 4.7배까지 치솟아

1990년 최고점을 기록한 수치이다. 같은 시기 우리나라의 GDP 대비 토지 가격 비율은 2.2배 수준을 유지했다.

주택가격의 거품 여부를 파악하는 주요 지표 중 하나가 중위 평균소득 대비 중위 주택가격의 배수를 나타내는 PIR Price to Income Ratio 인데 여기에서도 거품이 보인다. PIR은 쉽게 말하면, 한 해 연봉으로 집을 사는 데 몇 년 걸리는지 얘기할 때 많이 언급되는 비율로, 각국의 주택가격을 비교지수로 활용하기도 한다. 이게 나라마다 다 다르기 때문에 절대비교를 하긴 어렵지만, 그 당시 PIR을 기준으로 보면 도쿄 핵심 지역의 주택가격은 1984년 6.9배에서 1987년 11배, 1988년에는 15배까지 가파르게 올랐다. 연소득의 15배 수준으로 주택가격이 상승했다는 의미다.

이렇게 부동산 폭등과 폭락을 경험한 당시의 20~30대 일본의 젊은이들은 지금 대부분 보수층으로 바뀌었다. 버블이 붕괴되고 경기침체가 지속되면서 혁신에 대한 필요성을 놓쳐 버린 탓이 크다. 오늘날 일본이 디지털사회로 전환하는 속도가 느린 이유도 어쩌면 이때부터일지 모른다.

관료들은 여전히 메일e-mail보다는 팩스fax를 선호하고, 국민들은 신용카드보다는 현금을 주고받으며, 공무원들은 간단한 사인보다는 인감을 신뢰하고, 청년들은 개혁에 대한 기대도 없고 꿈을 펼치기 위한 해외유학이나 개척 정신도 놓쳐 버린 채 그저 주어진 일에 수동적으로 대처하고 있을 뿐이다. [*]

그나마 팩스나 인감은 양반에 속한다. 은행 자동이체는 은행 지점을 가야지만 신청이 가능하고 코로나19로 재택근무를 하고 싶어도 도장 찍으러 회사에 출근해야 할 정도다. 오죽하면 2021년 9월 1일 일본의 디지털 정책을 총괄하는 디지털청이 만들어졌을까? 90년대 이후 혁신이 사라진 '클래식'하고 '앤티크'한 경제체제가 이때부터 시작된 것이 아닌가 싶다.

---

[*] 미국 내 유학생 국적 순위를 보면 중국(369,548명), 인도(202,014명), 한국(52,250명) 순이고 일본은 18,105명으로 8위에 랭크되어 있다. 인구는 우리나라보다 2.5배나 많은데 유학생은 우리나라의 40%에도 못 미칠 정도로 해외에 나가는 것을 두려워 하고 있다(자료 : http://catalk.kr/information, 2020. 7. 7. 보도).

한국 사회도 그렇다. 영끌을 해도 아파트 한 채 내 집으로 마련하기 어려울 정도로 폭등하는 것을 결혼을 앞둔 나이에 경험하면서 보수화되는 과정을 겪고 있다.

일본이 90년대 초반부터 버블 붕괴와 함께 보수화 사회로 바뀐 것을 한국은 반면교사 삼아야 한다.

미국보다 비싼 도쿄의 '땅값'

일본유센郵船의 회장을 역임했던 미야오카宮岡校公夫, 1922~1998는 "천국에 가서 친구에게 무엇을 자랑할 수 있겠는가?"라는 질문을 받는다면 이렇게 대답하겠다고 했다.

"전사한 친구를 천국에서 만나면 비난받을지도 모를 일이 원통하다. 일생 동안 성실하게 일을 했는데도 자신의 집 한 칸 가질 수 없는 일본밖에 만들지 못했다는 점에서 그렇다."*

　도쿄에 있는 20평대 아파트 가격의 환산가격 배율은 당시 근로자의 평균 연수입 대비 1986년 4.5배에서 1990년 8.5배로 급증했으며, 부동산이 폭락했던 이후인 1992년에 이르기까지 이 거품은 꺼지지 않고 6.5배를 유지했다.

　일본의 버블이 피크를 맞았던 1990년, 일본 부동산 전체 가치가 2,377조 엔에 이르렀는데, 이 금액은 일본열도의 25배나 되는 미국 영토의 4배 규모에 해당하는 금액이다. 당시엔 "도쿄만 팔아도 미국을 살 수 있다"는 농담이 유행하기도 했고, 도쿄역에서 도보 10분 거리에 있는 황거皇居 일대 부동산가치 평가액이 미국 캘리포니아 전체를 사고도 남을 정도라는 이야기가 나돌았다.

　부동산 투기로 차익을 얻으려고 하는 것이 나쁜 이유는

*　　米倉誠一郎(1994), 『戦略的国家・企業・個人を求めて』創元社

이게 사실상 지대추구행위Rent Seeking Behavior에 해당하기 때문이다. 정당한 노동의 대가가 아닌 부동산으로 불로소득이 발생하는 파랑새blue bird를 좇아 너도나도 부동산에 뛰어든 것이, 결과적으로는 일본을 지금처럼 힘 빠진 나라로 만든 것이다. 토지와 건물에서 소득이 발생하는 지대를 추구하다 보면 노력에 대한 정당한 대가를 뛰어넘는 이익에 대한 환상이 생겨, 대부분의 서민들은 일을 해서 돈을 벌려고 하기보다는 어떻게든 지대추구에 더 골몰하거나 아니면 포기하거나 하면서 부의 양극화를 심화시킨다.

결국 1990년 일본 열도의 부동산 가치는 2,377조 엔에서 불과 6년 만인 1996년에 이르러 1,749조 엔으로 하락하면서 628조 엔의 부동산 거품이 빠져나갔다.

파랑새를 좇았던 대가가 이렇게 크다.

일본의 압구정동 아오야마青山

우리나라의 강남 3구, 그중에서도 압구정동이나 청담동, 또는 테헤란로처럼 도쿄 내에서도 유독 폭등을 이어간 상징적인 지역이 있다. 도쿄메트로 긴자선銀座線이 지나가는 신바시新橋와 아사쿠사浅草 등은 무려 열 배 이상 상승했고, 아오야마青山는 열다섯 배나 폭등해서 그동안의 신기록을 갈아치웠다. 이 시기에 민영화된 국철은 부채를 청산하기 위해 시오도메汐留 화물역 부지 매각 사전작업을 진행하였으나, 터무니없이 높은 토지 가격 때문에 매각이 보류되었다가 버블이 붕괴되고 땅값이 폭락했던 1997년에 들어서야 겨우 개발될 수 있을 정도였다.

샐러리맨들 입장에서는 월급이 올라도 목돈을 만들어 내 집을 마련한다는 것이 쉽지 않은데, 디플레이션이 지속되면서 급료는 오르지 않아 이중고를 겪어야 했다. 그래도 집을 사고 싶으면 어쩔 수 없이 30년 또는 40년 장기대출론을 이용해 살 수밖에 없어 이직을 하고 싶어도 론loan을 갚아야 하는 부담감 때문에 현재 직장에 목을 매야 했다.

그나마 도쿄 시내는 엄두도 못 내고 치바현千葉県이나 사이타마현埼玉県, 가나가와현神奈川県에 겨우 장만할 정도여서 도쿄 외곽지역의 인구가 급증하기도 했다.

다행인 것은 일본의 기업들은 일반적으로 직장인들에게 월세의 60%, 그리고 교통비는 전액을 지원해 주는 곳이 많아서 도쿄 외곽지역으로 나가는 것에 큰 부담을 느끼지 않는다는 정도이려나? 일본의 대도시 전철 교통망이 워낙 좋아 관동지역까지는 도쿄 생활권으로 염두에 두고 있어 샐러리맨들이 어느 정도의 고생은 감내하고 있다는 점이 우리와 별반 다름이 없다.

오늘날 도쿄, 오사카 등 일본 대도시의 주요 거점 스카이라인도 대부분 이 시기에 결정되었다. 신주쿠新宿, 시부야渋谷, 이케부쿠로池袋, 롯폰기六本木, 우에노上野, 오다이바お台場 등 도쿄지역에는 여기저기 높은 빌딩들이 우후죽순 들어섰고, 오사카大阪에서는 우메다梅田, 난바難波, 교바시京橋 등에서, 그리고 교토京都의 나카교中京와 요코하마横浜의 미나토미라이21港未来21 등이 도심지의 스카이라인을 바꾸었다.

땅값 폭등으로 주거지구를 상업지구로 재개발하는 것이 몇 배나 남는 장사라는 것을 눈치챈 발 빠른 부동산개발 회사들이 난립하기 시작했고, 이 회사들이 자체적으로 도시계획을 만든 후 지방자치단체나 소유주로부터 부지를 사들이고는 오피스 지구로 재개발하기 시작했던 때가 1986년부터다. 공공임대 아파트라도 공급이 제대로 되었다면 모를까 버블이 한창일 때는 이마저도 턱없이 부족했기 때문에 서민들은 청약 경쟁률의 높은 관문을 뚫을 수 있는 방법이 없었다.

버블 발생으로 오르는 집값을 감당하지 못한 젊은이들이 내 집 마련의 꿈을 포기하면서 등장한 것이 소위 명품족들이다. 돈을 벌어도 내 집 마련이 불가능해지니까 대체소비를 찾은 것이 명품이란 이름으로 둔갑한 보복소비일 뿐이다. 그래서 당대 일본에 들어온 해외 유명 브랜드가 전례없는 호황을 누렸던 것도 이런 영향이 크다는 것을 부정할 수는 없을 것이다.

내가 일본에 유학갔던 1991년, 일본 중산층 아줌마들이 지하철에서 들고 다녔던 축 늘어진 싸구려 남대문 가방 같은 것이 루이비통이었다는 것을 나중에서야 알았다.

집을 사는 것만 포기하면, 아니 아파트만 아니라면 그나마 만족한 삶을 영위할 수 있을 텐데, 아이러니한 상황이지만 30년 전 일본의 상황이, 2021년 지금의 한국에서 데자뷰처럼 내 눈에 보이고 있다.

버블이 한창이던 일본에서 3초만 지나면 또 하나 보인다는 그 '3초 백'이 지방 도시 대전에서도 3초마다 보이고 있다.

4. 엔화의 저력, 해외 부동산과 명화로 확장

제2의 진주만 공습

1986년 일본이 세계 최대 채권국이 되면서 일본의 부동산 광풍은 해외까지 뻗어나가 식사 후 양치질하는 것만큼 손쉽게 빌딩들을 사들였다. 1987년 건설회사인 아오키靑木는 뉴욕의 플라자호텔을 매입했고, 소니Sony는 풍부한 자금력을 바탕으로 미국 문화의 정신적 지주인 CBS 레코드1988와 콜롬비아 영화사1989를 인수했다. 1989년 미츠비시三菱는 14억 달러라는 엄청난 자금으로 미국의 자존심인, 그래서 미국인들에게는 'spirit of America'라고 불리던 록

펠러센터Rockefeller Center*를 구입했다.

돈이 있는 기업들은 엔고로 인한 혜택을 고민할 필요도 없이 해외 부동산을 마구잡이로 사들이는데 체력을 소진하였다. 미국 땅 하와이의 경우는 더 심했다. 하와이 전체 외국인 투자의 96%를 일본계 투자가 차지할 정도였으니, 한마디로 '머니 터크스money talks'가 아니라 '엔 터크스Yen talks'였던 시대였다. 이때가 일본 경제의 거품이 사상 최대로 부풀어 올랐을 때의 일이라 미국에서는 일본이 '제2의 진주만 공습'을 감행하고 있다고 호들갑을 떨기도 했다.

이런 상황이 되자 미국에서는 일본의 세계 경제 장악에 대한 공포가 번지기 시작했다. 당시 할리우드에서는 조만간 일본 경제가 미국을 능가할 것이라는 전제로 제작된 영화가 대거 등장했다. 영화 〈백 투 더 퓨처〉1987에서는 미래

---

* 뉴욕의 최고 몸값을 자랑했던 록펠러센터는 일본의 버블이 붕괴한 후 1995년 미 연방법원에 파산신청을 내고 일부를 매각했으며, 결국 2000년에 골드만삭스를 중심으로 한 자본에 헐값으로 매각되었다.

의 부품이 일본제로 범벅이 되어 있고, 엔딩 신에서는 '삐까삐쩍'한 토요타 픽업 트럭이 등장하는 등 일본이 매우 강한 나라로 나온다. 2편은 한발 더 나갔다. 주인공 마티 맥플라이를 해고한 사람이 키 작고 젊은 일본의 후지츠 사장이다. 그래서 처음 인사할 때도 마티가 "후지츠 상 곤니치와"라는 일본어 인사가 자연스럽게 나온다. 마치 미래에 살아남은 기업은 던킨도너츠와 일본 기업 외에는 없는 것처럼 말이다.

마이클 더글라스 주연의 〈블랙 레인〉1989년은 혼다의 어코드Accord와 토요타의 크라운Crown이 미국 시장을 지배하면서 자동차의 도시 디트로이트가 무너지던 시기에 아예 일본 로케이션으로 찍었고, 〈데몰리션 맨〉1993년에서도 배우들이 기모노 스타일을 가미한 의상을 입는 등 일본 문화를 향유하는 것이 당연한 듯한 장면들이 나온다.

이러한 영향으로 SF류 영화 속 상류층들이 사는 호화저택들은 일본 스타일의 인테리어나 정원 등을 가꾸는 모습이 종종 묘사된다. 결과론적으로는 빗나간 예측의 영화이지만 당시만 해도 일본의 기세가 꺾이지 않을 거라는 분위기였음을 부인할 수 없다. 그 누구도 일본의 질주가 멈춰질 것이라고는 예상하지 못했으니까...

그러나 변하지 않는 것은 없다. 이 세상에서 변하지 않는 것이 있다면 그것은 '모든 것은 변하고 있다는 사실'이라는 것만 변하지 않을 뿐이다.

한국도 마찬가지다. 부동산 역시 마찬가지다. 언제나 오르진 않는다. 지금 한류가 세계적으로 붐을 일으키고 있다는 걸 모두 알고 있다. B.T.S는 빌보드차트에서 9주 연속 1위를 차지할 뿐만 아니라 UN을 무대로 노래 부르고 있고, 드라마 〈오징어 게임〉과 〈지옥〉은 전 세계 넷플릭스 1위를 찍었으며, 베트남이나 인도네시아, 말레이시아에서는 한국 편의점이 오픈만 하면 500미터씩 줄 서서 한국 음식을 사 먹으며 코로나19로 막혀 버린 한국행 비행기를 올라타는 대신 간접적으로나마 분위기를 느끼려고 한다.

지금 한국 경제가 선진국에 진입한 것과 더불어 한류가 전 세계를 장악한 것처럼 보이지만, 마치 일본 문화가 80년대 중반부터 90년대 초반에 이르기까지 부동산 버블과 함께 전성기를 누리다 거품이 꺼질 때 '스모'와 '기모노'도 같이 시들어간 것을 기억한다면, 우리나라의 경제력과 한류문화는 절대 안 그럴거야 하고 장담할 수는 없을 것이다.

바라건대 부동산은 폭락해도 K-series만큼은 시들지 않았으면 좋겠다.

투기 1. 골프장과 호텔

해외 부동산이 이 정도였으니 국내 골프장과 호텔 투기는 어떠했을까? 버블 경기 덕분에 갑자기 쏟아져 들어온 현금을 주체하지 못했던 일본 상류층들은 골프장과 골프회원권, 그리고 호텔 투기에 누가 더 많은 돈을 투자투기?할 수 있는지 자랑할 기회를 찾기 위해 여기저기 몰려다녔다.

그런데 이런 종류의 사업에는 돈 냄새를 맡은 야쿠자와 정치인, 그리고 관료들의 이권이 개입되기 마련이어서 이들 3자의 이익이 공유되는 지점에서는 일치단결하는 모습이 보이기도 한다. 예를 들어 토지 수용 대상지 주민들을 강제로 쫓아내야 하는 문제가 발생한다면, 자기 손 안 대고 코풀 수 있는 가장 빠른 방법으로 조직폭력배나 유력 정치인을 동원할 수도 있다.

이런 골프장과 호텔 투기는 1991년 대출총량규제가 발동되기 전까지 관료와 야쿠자, 그리고 지역 정치인들이 철의 트라이앵글iron's triangle을 만들어, 마치 브레이크 없는 기차처럼 카르텔을 형성해 나갔다. 서민들만 멍하니 바라보며 자신들의 근로소득이 투기세력의 자본소득으로 바뀌는 것을 두 눈 뜬 채 당하는 것을 지켜보면서 말이다.

그런데 일본에서는 부동산 투기나 개발과 관련해서 무더기로 판검사들을 전관예우 해준다던가 이들 자녀들에게 취업을 보장해 주었다거나 또는 50억 원씩 퇴직금을 주었다는 이야기는 아직 들어보지 못했다.

나의 공부 부족인지는 모르겠지만 한국의 부동산 관련 비리는 심하다. 최근 들어 더 그런 것 같다.

투기2. 유럽의 명화

전 세계의 명화名畵 역시 돈 많은 일본의 법인과 개인들
이 싹쓸이하기 시작했다. 주식으로, 그리고 부동산으로 돈
을 번 사람들은 으레 돈 자랑을 위해 과소비를 하기 마련
이다. 부와 더불어 권위까지 과시하는 수단으로는 그림이
나 골동품만한 것이 없다. 값비싼 외제차를 타고 명품을
두른 일본 갑부들은 이제 경매시장에까지 진출하여 명화
를 싹쓸이했다.

1987년 3월 고흐의 해바라기를 시작으로 피카소나 르
누아르를 비롯하여 크리스티 경매장에 나오는 미술품들이
주 대상이었다. 부동산으로 돈맛을 본 사람들이 사치와 향
락으로 판을 치던 시대였기 때문에 이런 행동들이 가능했
다. 일본의 중산층 자녀들이 뉴욕에서 헬기여행을 하며 샴
페인 파티를 벌이는 것은 뉴스거리도 안 되었다. 유럽이나
미국에서 더 이상 살만한 게 없다는 불평이 일본 졸부들에
게 나왔을 정도였으니, 조금만 잘나가면 인정받고 싶고 자
랑하고 싶은 게 인간 본연의 모습인가보다.

그런데 이렇게 사들인 명화들이 지금은 어떻게 평가받고 있을까?

거품이 꺼진 이후에는 부동산업자나 법인들이 갖고 있던 명화들이 은행에 압류당하면서 그중 일부는 은행 창고에 잠들어 있는 경우도 있다고 한다. 아시다시피 미술품은 그림의 특성상 제대로 보존하지 못하면 아무래도 쉽게 손상되기 마련이고 손상된 작품들은 가치를 인정받기 어렵다. 그런데 90년대 버블경제와 함께 파산했던 은행들이 압류했던 명화의 일부가 지금도 어디에 보관했는지 찾을 수 없을 정도라고 하니, 당시 일본이 전 세계로부터 사들인 명화가 어느 정도인지 짐작이 갈 것이다.

실제로 여러분들이 지금이라도 이러한 명품을 보고 싶다면 비행기 타고 멀리 유럽까지 갈 필요가 없다. 일본의 국립서양미술관www.nmwa.go.jp에 가면 14세기 르네상스 미술부터 18세기 로코코미술에 걸친 작품들을 볼 수 있으며, 아티즌미술관구 브리지스톤미술관, www.artizon.museum에서는 피카소에서 세잔, 폴 고갱에 이르는 작품들을 감상할 수 있다. 그뿐만이 아니다. 롯폰기에 있는 모리미술관www.mori.art.

고흐의 '해바라기'
손포미술관 홈페이지

museum과 국립신미술관, 요코하마미술관yokohama.art.museum
도 강력 추천한다.

그리고 한국에 가장 많이 알려져 있는 고흐의 해바라기
를 보고 싶으면 손포미술관SOMPO美術館에 가면 된다. 일본
도쿄의 교통 중심지인 JR신주쿠역 서쪽 출입구에서 도보
로 5분 거리에 있는 이곳에는 거품경제가 절정을 이루던
1987년 야스다화재현 손보재팬·損保ジャパン日本興亜가 당시 최고가

인 2250만 파운드^{한화 550억 원}에 산 작품이 걸려 있다. 대부분의 관람객들은, 마치 파리의 루브르박물관에 들어가 모나리자 한 작품만 보고도 비싼 입장료가 아깝지 않게 느끼는 것처럼, 이 그림 한 점 보고 나온다면 여러분들은 본전을 뽑은 것이다.

그 외 나고야名古屋의 보물이라고 부르는 야마자키마작미술관www.mazak-art.com과 나고야시미술관www.art-museum.city.nagoya.jp, 그리고 히로시마미술관www.hiroshima-museum.jp 등 지방 미술관에서도 약간의 입장료만 지불하면 서양미술과 동양미술을 구분하면서 충분히 관람할 수 있다.

2019년 7월 1일, 일본의 반도체 3품목 수출규제 이전 한국인들이 가장 많이 관광 여행을 갔던 큐슈九州 오이타현大分県에 있는 유후인由布院에 가면 아주 작은 목조 건물의 샤갈미술관정식 명칭, 마르크 샤갈 긴린코 미술관도 추천하고 싶다.

혹시 더 자세히 알고 싶다면 2015년 미래의창에서 출판한『일본으로 떠나는 서양미술 기행』이라는 책을 보면 도움이 될 것이다.

한국도 상황은 그리 큰 차이가 없다. 버블이 형성되면 돈을 쓰고 싶고 자랑하고 싶은 게 인간이니까. 다만 일본은 주로 법인 위주의 '중년 남자'들이 명화를 구입했다면, 한국의 경우는 주로 재벌 회장의 '사모님'이나 '며느리' 등이 명품과 갤러리를 소장하면서 부를 과시하고 있다는 정도이려나?

고 이건희 회장의 컬렉션은 예외로 해 두자.

제3장

버블 붕괴의
원인

1. 1989년에 도대체 어떤 일들이 있었나?

버블의 레퀴엠 1989

1989년 하면 무엇이 떠오르는가? 11월 9일 베를린 장벽이 무너지고 동서냉전이 종식된 해이기도 하지만, 당시 일본은 전 세계 부의 20% 전후를 차지하고 있었고, 시가총액 기준으로 전 세계 10대 기업 중 일곱 곳이 일본 기업일 정도로 잘 나가는 '국가'였다. 그리고는 같은 해 버블이 최고 정점을 찍었던 해이기도 하다.

한국의 명동에 해당하는 긴자2초메銀座二丁目가 1m² 당 3천 530만 엔, 그러니까 당시 환율로 평당 6억 원 선에 이를 정도의 엄청난 거품이 끼어 있었고, 상업용지의 땅값은 천정부지로 올라서 우리나라의 강남에 해당하는 미나토구 港区는 한 평에 3천만, 4천만 엔하고 아자부麻布나 아오야마 青山는 5천만 엔하던 시대였다. 여기에 부동산업자들이 고급주택과 맨션을 지어 분양했다.

서민들이 살던 곳은 철거되고 그곳에 고급주택과 빌딩이 들어섰다. 아무리 좋은 입지에 있는 땅이라도 개발할 능력이 안 되는 원주민들은 약간의 웃돈에 혹하고 넘어가 그 땅을 팔고는 다시는 들어올 수 없을 만큼 오른 땅값에 배 아파 하지도 못한 채 도시의 외곽지역으로 쫓겨나가야 했다.

도쿄를 포함한 6대 도시가 1년에 100%씩 무려 5년 동안 4배가 급등했는데, 이렇게 치솟는 땅값을 잡기 위해 일본 정부는 1987년 8월에 우리나라의 투기규제지역과 유사한 토지거래 감시구역제도를 마련하고 두 달 뒤인 10월에는 토지 관련 대출 기준을 강화하였다. 그러나 시장은 이를 비웃기라도 하듯 부동산 가격은 지속적으로 상승했다. 각 은행에는 투기 목적의 대출을 억제하라고 권고했지만

은행 입장에서는 토지 가격이 떨어지기는커녕 점점 올라가니까 더 많은 돈을 대출받아서 투자하고 싶어 하는 업자들에게 안 빌려줄 수가 없었다. 왜냐하면 이게 은행의 업무이고 돈을 버는 거니까...

이제 서민들의 내 집 마련은 점점 멀어져 갔다. 집 없는 서민들이 증가하면서 값싼 임대아파트에 당첨될 확률도 점점 멀어졌다. 거품경제가 주는 달콤한 이익은 주로 기업과 법인들이 가져갔고, 그에 따른 피해는 서민들에게 가장 먼저 다가왔다.

지금의 한국도 비슷한 상황이다. 문재인 정부 들어와 끝 모를 부동산 폭등을 막기 위해 27개니 30개니 하며 각종 부동산 규제정책을 도입하고 아파트와 토지 매매를 악으로 규정할 정도의 정책을 내놓아도 시장은 이를 비웃고 있다. 지금도 상승세를 멈추지 않고 있는 모습이 왠지 일본의 부동산 버블 당시와 오버랩되는 것에 주의해야 한다.

플라자 합의 이후 부동산과 주식뿐만 아니라 일반 물가

도 상승하는 광경을 목격한 전문가들은 이에 대한 우려를 표명하고 긴축금융정책의 필요성을 어필했지만, 일본 정부는 1989년에 와서야 3% 소비세 신설과 동시에 전격적으로 금리를 인상하는 악수를 두게 된다. 그러자 시장이 움직였다.

어느 방향으로 움직였을까? 당연히 폭락하는 방향이었다.

샤워실의 바보처럼

사실 저금리정책을 장기적으로 끌고 갈 수는 없다는 것을 일본 정부도 알고 있었을 거라고 본다. 왜냐하면 재정 확충정책이 지속될 경우 언젠가는 시장에 풀려 있는 과잉 유동성 문제와 물가상승으로 인한 인플레이션 문제를 조절하기 위해서라도 출구전략exit strategy을 통한 긴축정책을 쓸 수밖에 없기 때문이다.

그런데 이상하게도 문제는 한꺼번에 터진다. 3% 소비세도 벅찬 서민들에게, 그토록 짧은 시간에 금리마저 상승하다 보니 이를 감당하기 힘든 서민들이 당장 매물을 쏟아내야만 했다. 1989년 5월, 일본은행은 2.50%였던 기준금리를 3.75%의 인상을 시작으로 같은 해 12월에는 3.75%에서 4.25%로, 그리고 다음 해인 1990년 3월에는 5.25%로, 그리고 8월 들어서는 6.00%까지, 불과 1년 3개월 만에 다섯 차례에 걸쳐 긴축금융정책을 실시하였다. 이렇게 짧은 기간에 금리를 상승시키면 부동산 시장은 '조정'당할 수밖에 없다. 그 결과 주가와 부동산 가격이 폭락하기 시작했고 소비 심리마저 위축시켜 불황의 불씨를 만들었다.

우리나라도 1998년 IMF 때 짧은 시간에 급등한 금리상승, 그리고 2008년 리먼 브라더스 사태*의 쓰라린 경험을

---

* 특히 리먼 브라더스를 비롯한 미국의 투자은행들이 파산한 가장 직접적인 이유는 서브프라임 모기지(Sub Prime Mortgage) 채권의 부실에서 그 원인을 찾는다. 즉 미국 부동산 시장의 거품이 꺼지면서 부동산을 담보로 한 채권의 가치가 급격히 하락한 데 따른 것이다. 그리고 이로 인한 타격은 미국을 넘어 전 세계로 확산되었다. 역시 '부동

반면교사 삼아 이제는 위험에 대처할 수 있는 역량을 갖춘 것은 그나마 학습효과가 있었다고나 할까...

물론 일본은 금리인하가 자산시장 버블의 요인이 되었던 것을 뼈저리게 느꼈고, 그래서 일본은행이 이러한 상황을 개선하기 위해 금리를 인상한 것이었지만, 천천히 올려야 할 금리를 너무도 급격히 올려 버린 나머지 이전까지 크게 올랐던 주가와 부동산 가격이 그에 비례하여 짧은 시간에 폭락했고, 이어 소비 심리까지 위축시킨 것이다.

일본은행이 섣부른 냉온탕정책을 취한 탓이 이렇게 크다. 마치 샤워실에서 뜨거운 물이 나왔을 때 놀라서 바로 수도꼭지를 돌렸더니 찬물이 쏟아지고, 이에 다시 놀라 수도꼭지를 돌렸더니 반대로 뜨거운 물이 나오는, 그래서 물만 낭비하고는 정작 샤워는 하지 못한 바보*처럼, 금리정

산'이 문제였다.

* 1976년 노벨경제학상을 수상한 밀턴 프리드먼(Milton Friedman) 교수가 중앙은행의 과도한 경제조작을 비판하며 제기한 '샤워실의 바보들(fool

책을 섣부르게 대응해서는 안 된다는 것을 일본은행을 통해 교훈 삼을 수 있는 대목이다.

금리와 부동산은 이렇게도 상관관계가 높다. 보통 금리가 내려가면 부동산 시장에서는 호재로 작용하고 금리가 상승하면 대출이자가 올라가기 때문에 악재로 작용한다고 생각한다. 일반적으로 기준금리는 물가상승이 높고 경기가 과열되었다고 판단하면 올리기 때문에 경제 후행지표라고 보는데, 부동산뿐만 아니라 모든 경제에 영향을 미치기 때문에 중앙은행은 확실한 자신감이 있을 때에 기준금리를 올리는 것이다.

한국은 한국은행이 거시경제지표들을 살펴보고 기준금리를 결정하는데, 이때 경제성장률과 물가상승률에 맞춰 조정하는 테일러 준칙Taylor's Rule을 적용한다. 그러니까 중앙은행이 명목금리를 결정할 때 GDP 갭과 인플레이션 갭

in the shower room)'의 이야기를 빗댄 말이다.

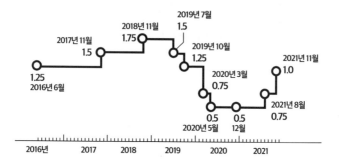

한국은행의 최근 기준금리 추이

자료: 한국은행

에 가중치를 부여해 금리를 조정하게 되는데, 그렇다고 부동산 시장을 잡기 위해 금리를 조정하는 것은 아니다. 그러나 보통은 기준금리가 올라가면 조달금리도 따라 오르게 되고, 그렇게 되면 자본의 속성상 금리가 높은 곳으로 이동하기 때문에 기업투자는 줄게 되고 가계소비는 위축되면서 경기가 후퇴하기 마련이다.

한국은 2020년 5월 0.5%로 고정되어 있던 금리를 2021년 8월 26일 0.75%로 0.25% 인상하고, 다시 11월

25일 재차 1%로 올리면서 초저금리 시대를 마감했다. 2018년 11월 이후 2년 9개월 만에, 그리고 아시아 주요국 중에서 가장 먼저 금리를 인상한 이유는 코로나19 방역의 안정세 이후 경기가 회복되고 있다고 판단했고, 또 1800조 원에 이르는 사상 최대 가계부채가 위험 수위를 넘어서면서 자산 가격에 쌓인 거품과 위험자산에 대한 투자가 더 이상 확대되지 않도록 하기 위해 본격적으로 대응에 나선 것이다.

오랜 초저금리로 시중에 돈이 넘치면서 부동산 가격이 폭등하고, 물가가 치솟는 등 부작용을 생각하면 한은의 금리인상은 당연한 수순으로 보인다. 일본의 사례에서 보듯 급격한 기준금리인상은 부동산 버블을 붕괴시킬 염려가 있기 때문에 적절한 속도로 그리고 단계적으로 인상하는 것이 부동산 시장의 안정화에 효과적인 통화정책이라고 할 수 있다.

케인스학파와 대립관계인 시카고학파의 통화주의자 밀턴 프리드먼Milton Friedman, 1912. 7. ~2006. 11.도 금리가 모든 경제상황을 결정한다고 할 정도로 금리를 엄청나게 중요하게 보고 있다. 사실 금리가 경제를 구성하는 핵심축이라는 점에 대해서는 케인스학파이건 시카고학파이건 부정하지는 않는다. 그만큼 금리가 중요하기 때문이다.

이 정책에서 일본은 실패한 것이다. 샤워실의 바보가 따로 없다.

토지기본법

부동산 투자가들의 우상향 열망을 꺾는다는 건 쉽지 않다. 일본 정부는 1987년 8월, 도쿄를 포함한 도쿄 도내 13개 시 전체를 토지감시구역으로 지정하고 $300m^2$ 이상의 토지거래에 대해서는 신고를 의무화하였다. 그러나 시장의 반응은 정부의 정책에 아랑곳없이 부동산 가격은 지속적으로 상승했다.

1989년 12월에는 부동산 폭등을 막기 위해 토지세제를 강화하는 기본 이념을 담은 토지기본법土地基本法案을 제정

하여 보유세에 대한 기반을 마련하였다. 이 법안의 개요는
다음과 같다.

첫째, 토지는 공공의 이해利害에 관계되는 특성이 있으
니 이를 감안하여 공공의 복지를 위해 공공적 제약을 가
할 수 있기 때문에 토지에 대한 기본 개념을 규정한다. 아
울러 국가와 지방공공단체는 이 기본 이념에 따라 토지에
관한 시책을 책정하여 이를 실시할 책무를 지는 등 국가와
지방공공단체, 그리고 사업자 및 국민의 책무를 명확하게
규정하고 있다.

둘째, 토지이용계획의 책정, 토지거래규제에 관한 조
치, 사회간접자본의 정비와 관련하여 얻은 이익에 상응한
적절한 세금을 부과하는 등 기본이 되는 사항을 규정하고
있다.

셋째, 내각총리대신의 자문기관으로 국토청에 토지대
책심의회를 설치하고 토지에 관한 기본적인 사항을 조사,
심의하도록 하는 등 토지정책심의회에 관한 규정을 두고
있다.

그러나 최근 일본에서도 인구가 감소하면서 토지이용에 대한 니즈도 저하되고 소유자가 불분명한 토지나 관리하기 어려운 토지가 증가하면서 토지를 적정하게 이용하고 관리할 필요가 있다는 판단에 따라, 2021년 2월 토지기본법의 일부를 개정하는 법률안이 각의 결정되었다.

땅이 문제인 것처럼 보이지만 땅은 문제가 없다. 땅을 대하는 사람이 문제다.

대출총량규제

그런데 당시의 토지기본법 조치가 충분히 강한 조치로 평가를 받지 못하자 다음 해인 1990년 4월 1일부터 부동산 융자와 관련하여 총량규제를 실시했다. 은행과 신용금고, 신용조합과 보험사 등을 대상으로 부동산 관련 대출 증가율이 총 대출 증가율을 넘지 못하도록 대출을 규제했다. 그리고 신규대출은 전면 금지하고 기존대출도 LTV

120%에서 70%로 제한하였다. 부동산은 거래액수가 매우 큰 만큼 LTV의 변동은 구매자 성향에 큰 영향을 줄 수 있는데, 담보가치가 50%나 폭락하면서 부동산 시장에는 매수세가 뚝 끊기고 말았다. 이때 일본의 부동산 시장이 한 방에 날아가 버린 것이다.

금융당국은 금융기관들이 부동산, 건설업 등에 대한 대출 상황을 지속적으로 보고하도록 의무화하였다.* 대출총량규제 도입 이후 부동산 대출 증가율은 총 대출 증가율 이하로 철저히 규제되면서 대출 경쟁을 하던 일본은행들은 태도를 바꾸어 더 이상 돈을 빌려주지 않았다. 오히려 빌려준 돈을 갚으라고 독촉하기 시작하면서 부동산과 주식에 끼었던 거품이 빠지고 자산가치가 불안정해졌다. 부동산은 하락하고 기업이 보유하고 있던 토지담보가치도 하락하자 도산 건수가 늘어나기 시작했다.

---

*   임진(2020. 2.), "일본의 부동산 시장 버블 경험과 시사점", 금융브리프 20권 5호. p.6.

1992년 1월부터는 일정 규모 이상의 토지소유자에 대해 0.3%를 부과하는 지가세地價稅를 도입했다. 그런데 일본의 지가세 도입은 시기적으로 적절하지 못했다는 평가를 받고 있다. 왜냐하면 1992년에는 일본이 이미 전국적으로 부동산 가격이 하락세로 접어든 이후여서 이러한 조치가 부동산 시장의 안정세를 바랐던 일본 정부의 의도와는 달리 부동산 가격을 더 가파르게 하락시키는 원인이 되었기 때문이다. 그리고 이때부터 모든 경제지표가 하향곡선으로 돌아섰다. 시중에 돈이 마르면서 주가는 곤두박질쳤고 대출규제로 이자와 원금을 감당하지 못한 매물이 쏟아지면서 지가는 가파르게 하락하기 시작했다.

부동산 담보가치도 덩달아 하락하면서 부동산 시장에서는 단숨에 매수세가 뚝 끊겼고, 일본의 부동산 시장은 한 방에 훅 가버리고 만다. 대출이 없으면 매매가 끊기는 부동산 시장의 특성상 매매는 없이 호가만 대폭락했다.

지금 한국은 일본의 대출총량규제 상황과 비슷하게 가고 있다. 가계대출이 집값을 끌어올리는 주범이라고 판단한 금융당국이 연간 6% 이내로 가계대출 증가율을 억제하라는 가이드라인을 내보냈다. 여기에 한국은행이 기준금리까지 인상하면서 '금리의 역습'*을 당할 수 있다는 우려가 나타나기도 한다. 이 한도를 넘은 농협은 2021년 11월 말까지 신규 주택담보대출과 전세대출을 중단하기로 했다. 농협뿐만이 아니다. 우리은행과 SC제일은행도 대출상품 일부를 중단하기로 했고, 새롭게 출범한 카카오뱅크는 당장 마이너스 통장을 통한 신용대출을 줄이고 있다. 이렇게 되면 부동산 투자자들의 심리가 불안해진다. 이에 따른 여론의 악화에 부담을 느낀 금융당국이 은행권의 전세대출을 포함한 가계대출을 용인2021. 10. 14.한다고 발표했지만 향후 또 어떻게 바뀔지 모른다.

2021년 1분기 한국의 가계부채는 사상 최고치인 1,800조 원으로 GDP의 100%에 육박하고 있고 이는 1년 전에 비해 10% 가까이 증가한 금액으로, 1990년대 버블

---

* 염상훈(2012), 『금리의 역습』에서는 역사상 모든 금융위기의 시작에는 항상 금리가 작용하고 있다고 제시하고 있다.

붕괴 당시의 일본보다 훨씬 높은 수준이다. 여기에 중소기업대출로 분류되는 개인사업자대출금 386조 원도 가계부채나 마찬가지여서 이 둘을 합하면 실질 가계부채는 2천 200여조 원으로 GDP 대비 110% 수준에 육박한다. 이 정도면 OECD 국가 중에서도 단연 최고 수준이다.

우리나라도 이제부터는 부동산 하락에 대비해 서서히 연착륙을 준비해야 한다.

2. 국제환경의 변화

BIS 비율

이 시기에 일본 부동산 버블을 무너뜨린 또 다른 결정적인 요인도 언급하지 않을 수 없다. 은행은 기왕이면 고수익을 얻기 위해 어느 정도의 위험을 부담하려는 경향이 있다. 문제는 여기에 대한 국제적인 제제가 없다 보니 대형은행이 리스크를 감당하지 못해 파산할 경우 그것이 국제금융시장에 미치는 불안한 요소를 제어할 장치가 없었던 것이다. 예를 들어 1차 오일쇼크를 지나면서 미국의 프랭클린내셔널은행 Franklin National Bank과 US내셔널은행 US

National Bank이, 그리고 독일의 헤르슈타트은행 Herstatt Bank이 파산했을 때 국제 금융사회는 은행의 불안정한 상황을 전환시킬 뭔가를 강구해야 한다고 느꼈다.

때마침 인플레이션 파이터로 알려진 미국의 FRB 연중 의장 폴 볼커 Paul Adolph Volcke, 1927. 9. ~2019. 12.는 1986년 BIS 에 은행건전성 규제를 강하게 요구하고 나섰다. 그래서 1988년 7월 스위스의 바젤에서 금융시스템의 안정을 위해 국제결제은행 BIS하의 바젤은행감독위원회 BCBS에서 기준 Basel 1을 마련했다. *

합의된 내용을 보면, 해외에 점포를 가진 은행이 재무 건전성을 확보하기 위해서는 자기자본을 위험자산으로 나눈 자기자본비율을 8% 이상 유지해야 한다. 예를 들어 은행에서 대출을 받은 기업이 도산할 경우 은행 입장에서는 대출금을 회수하지 못한 금액이 그대로 부실채권화되는

---

*   국제결제은행 산하 바젤위원회는 바젤I 즉, "International Convergence of Capital management and Capital Standards"를 제정하여 위험가중 자산의 8% 이상을 자기자본으로 보유하도록 의무화하였다.

데, 이게 한두 건일 경우야 '조금 손해봤네' 하고 넘길 수 있을지 몰라도 다수일 경우에는 종국에 가서 은행 문을 닫게 될지도 모른다. 그런데 BIS 기준인 8% 만큼의 안정적인 자기자본을 가지고 있다면 해당 은행은 어느 정도 위험에 대처할 수 있는 능력이 있다고 보겠다는 것이다.

이제 전 세계 은행들은 1992년까지 좋고 싫고를 떠나 이 룰을 반드시 지켜야 했다. 그렇지 못할 경우 부실금융기관으로 분류되어 외화차입을 하지 못하게 되고 국제금융시장과 무역시장에서 퇴출당할 수 있기 때문에, 은행들이 서둘러 대출을 회수해서라도 BIS 비율 8%를 맞춰야 했다. 그리고 은행이 이를 맞추기 위한 최선책은 분모에 해당하는 대출 규모를 줄이는 것이다.

미국과 유럽 은행들의 평균 자기자본비율이 10%대인데 비해 일본은 저금리 환경에서 무분별하게 대출을 내주다 보니 BIS 비율이 6%에 불과했다. 그러니 당시 일본의 은행들이 얼마나 압박받았을지 짐작이 간다.

참고로 우리나라는 1993년부터 은행의 자기자본비율이 8% 이하가 될 경우 정상적인 경영활동이 불가능하다는 국제기준에 준거하여 경영합리화 조치나 경영개선 조치 등을 요구했다. 우리나라가 1997년 외환위기를 맞았을 때 간판을 내렸던 은행들은 모두 BIS 비율을 맞추지 못했던 은행들이었다.

한편 바젤위원회는 2004년 6월 바젤II를 발표하였는데, 이는 최저자본비율규제에 대한 감독 당국의 점검과 시장 참여자들의 지속적인 시장 감시를 핵심 내용으로 하고 있다. 2008년 글로벌 금융위기를 뒤돌아보면, 어떤 은행들은 BIS 자기자본비율이 충분히 높았는데도 유동성 리스크가 타 금융기관으로 전파되면서 시스템 위기를 초래하였던 적이 있었다.

2010년 11월에는 G20 서울회의에서 바젤III이 확정되면서 은행들의 자산운용에 급격한 변화가 생겼다. 이제 2022년 1월 1일부터 바젤III이 시행되면 은행은 자본 건전성을 튼튼하게 한다는 명목으로 신용대출 총액을 제한할 것이다. 대손충당금을 맞추기 위해 대출을 억제하기 때문이다. 결국 기존 대출은 회수하고 신규대출은 억제할 수밖에 없는 상황에서 코로나19까지 겹치다 보니, 소득이 취약한 계층과 중소기업은 까다로워진 은행의 대출 조건 때문에 어쩌면 대출 자체가 불가능할지도 모를 일이다.

이래도 저래도 서민들에겐 대출이 쉽지 않다. 그런데도 아파트 가격은 끝을 모르고 올라가니 웃을 날이 많지 않다. 폭락한다 해도 웃기 힘든 건 마찬가지이지만...

전 세계 1등 국가채무국

1990년대에 진입한 후 발생한 일본의 버블 붕괴는 결과적으로 2012년까지 거의 0~2% 수준의 성장률에 머물게 하면서 '잃어버린 10년'이 아니라 '잃어버린 20년'으로 만들고 말았다. 물론 항상 우울했던 건 아니었을 것이다. 예를 들어 1995년 들어서는 경제 회복의 조짐이 보이긴 했으나, 규모 7.3의 고베 대지진이 발생하면서 당시 보험사들이 보험금 지급에 어려움을 겪자 해외에 자산을 팔기 시작했는데, 이때 엔화 수요가 급증하면서 엔화강세로 이어져 수출기업들이 나락에 빠지게 되었다.

그리고 그 나락은 여기서 멈추지 않고 1997년 아시아 금융위기의 영향으로 다시 한번 무너졌고, 이후 2000년에 다시 잠깐 회복세를 보였지만 이번에는 닷컴 버블로 또다시 한풀 꺾이고 말았다. 2003년부터 2007년까지는 장기불황을 탈출할 수 있는 계기를 만들기 위해 노력했지만, 서브프라임 모기지 사태와 뒤따르는 2008년 9월 세계금융위기로 경기침체를 벗어나기엔 역부족이었다.

일본 경제가 잘 나가나 싶을 즈음이던 2011년 동일본 대지진이 발생하자 다시 엔화가 초강세를 보였다. 이때 등장한 총리가 아베 安倍晋三, 1954. 9.~, 재임기간 2012. 12.~2020. 9.다. 2013년부터 시행한 '아베노믹스Abenomics' 덕분에 부동산 시장에도 약간의 변화가 나타나기 시작했지만, 그건 정부가 적기에 재정 및 통화정책을 쓰면서 20여 년 동안 하락해 왔던 집값이 2014년부터 돌아섰기 때문이기도 하다.

중앙은행이 채권 등 자산을 매입해 시중에 돈을 풀게 되면 통화량의 증가로 돈의 가치가 떨어지고, 돈의 가치가 떨어지면 물가가 치솟게 된다는 것은 순리이기도 하다. 2011년 3월 말 973조 엔^{=한화 1경 원}을 쏟아내면서 국가부채가 GDP 대비 220%가량으로 불어났는데, 이는 당시 기준으로 전 세계 모든 국가 중 짐바브웨에 이어 2위에 해당하는 부채비율이었다. 그러나 이마저도 옛 이야기일 뿐 2021년 10월 현재 일본의 국가부채는 1,212조 엔으로, 국민 1인당 980만 엔^{한화 1억 원}의 부채를 떠안는 셈이며 GDP의 246%에 이르고 있다. 갑자기 치고 올라온 베네수엘라가 일본을 따돌려서 망정이지, G7 국가만으로 한정하면 여전히 불명예스럽게도 1위를 차지하고 있다.

사실 일본의 국채 상황은 경제학에서도 상당히 특이한 사례로 유명하다. 세계 최고의 대외 채권국이면서 또 세계 최고 수준의 외환보유고를 자랑하고 있기 때문이다. 국채 비율을 보면, 일본은행이 47.2%를, 생명손해보험 등 금융기관이 21.1%, 은행이 14.4%를 보유하고 있고 해외 비율은 7.7%에 불과하다.* 이렇게 일본 국내에서 일본 국채가 대부분 흡수되고 있는 것은 쉽게 이해하기 어렵지만, 그렇다고 이를 '일본 특유의 국수주의'라고 설명하기엔 뭔가 2% 부족하다.

또 하나, 이렇게 1천조 엔이 넘는 일본의 국가부채에도 불구하고 외국인 투자가들이 세계 시장의 불확정성이 대두될 때마다 엔화를 사들이는 것을 보면서 대부분의 사람들이 '왜 그렇지?' 하고 그 이유에 대해 의아해하겠지만, 아직까지는 이들이 엔화를 안전 자산으로 간주하기 때문이 아닌가 싶다.

농담인지 진담인지 모르겠지만, 현재 일본은 세계에서 가장 고령화율이 높은 국가인데 이분들 중 20% 전후가 치매를 앓고 있다고 한다. 그래서 이 분들이 돌아가시면 갖고 있던 국채의 상당 부분이 소멸될 것이라는 농담같은 기대감도 있다.

---

*   東洋経済(2021. 8. 11.), '日本国債がそれでも持ちこたえているカラクリ' 기사 참조.

어떤 기대감? 은행에 맡겨둔 국채를 기억하지 못하기 때문이라나...

3. 인구구조의 변화

생산가능성 인구의 변화

공교롭게도 일본에서는 경제활동을 할 수 있는 생산가
능인구15~64세가 집값이 하락하기 시작한 1992년부터 지금
까지 지속적으로 감소하면서 동시에 부동산 거래도 줄었
기 때문에 양자 간에 상관관계가 있다는 것에 대해 부정하
는 학자는 없는 듯하다.* 여기에 저출산 고령화까지 맞물

---

* Nishimura, K. G., and E. Takáts, "Ageing, property prices and money
demand", BIS Working Paper No. 385 (2012)

72%		180
70%		160
68%		140
66%		120
64%		100
62%		80
60%		60
68%		40
66%		20
64%		0

1960 1965 1970 1975 1980 1985 1990 1995 2000 2005 2010 2015 2018

▬▬ Japan 생산가능인구 비중   ▬▬ Japan 실질주택가격지수(2015=100.0,S.A)

일본의 생산가능인구 비중 VS 실질 주택가격지수

이지스자산운용(2020. 4.),
『주택시장분석#2, 현재 주택시장 가격은 거품인가』, 인사이트.

리면서 주택가격도 하락하였다. 주택수요층인 베이비부
머가 은퇴하고 인구고령화가 진행되자 생산가능인구 비중
이 감소하면서 실제로 주택가격이 하락한 것이다.

일본은행 부총재를 지냈던 니시무라 기요히코^{西村清彦,}
^{1953. 3.~} 도쿄대 명예교수는, "생산가능인구 감소가 일본
의 버블 붕괴로 이어졌다. 한국 등 아시아 국가는 물론 미

국도 고령화에 따라 주택시장이 장기침체할 것이다"*라고 하였다. 게다가 1997년 아시아에 외환위기가 닥쳐오자 일본 기업들이 갖고 있던 해외자산에서도 대규모 손실을 기록하면서 견실한 기업들마저 줄도산하는 등 글로벌 경쟁력을 잃어버렸다. 실제로 1996년까지는 경제성장률이 회복되려는 움직임이 보였으나, 아시아 외환위기를 겪고 난 1998년부터는 마이너스 성장과 0% 성장을 반복하는 고사 상태로 접어든다. 1996년까지는 파산하는 주류 산업군이 부동산업체나 중소형은행, 중소건설업체 등에 집중됐으나, 1998년부터는 대기업과 대형 금융사까지 쓰러지기 시작한 것이다.

원인의 뿌리를 찾다 보면 결국은 부동산 버블이 문제다. 원인을 그쪽으로 돌리면 해결책은 간단하다.

---

*   일본은행(2012. 11. 14) "人口高齢化, 金融と規制" 공표자료

증가하는 노동력 인구의 샘법

노동력 인구는 생산가능인구와 달리 취업자와 실업자를 합친 인구로, 일본 정부는 노동력 인구가 줄어들 것으로 예측했지만 2017년에 오히려 10만여 명 늘었다고 발표했다. 이 뉴스를 들으면 마치 일본의 인구가 증가한 것처럼 오해할 수 있는데, 그건 아니다. 일본의 인구는 줄고 있지만 노동력 인구는 늘었기 때문이다.

실제로 일자리를 찾는 사람 1명을 놓고 기업에서 몇 건의 채용 수요가 있는지를 보여주는 유효구인배율이 대졸자 기준으로 한국은 0.6에 불과한데, 일본은 2020년 가을 1.56에 육박하고 있다. 대졸자 한 사람이 1.56개에 취업할 수 있다는 얘기다. 2020년 한국의 대졸자 취업률이 56%일 때 일본은 98%라는 뉴스가 과장된 것이 아닐 만큼 취업시장이 활짝 열려 있는 것이다.

그러면 의문이 생긴다. 아니? 일본이 경기침체라며? 잃어버린 30년으로 흘러갈지 모른다며?라고. 그런데 여기에는 숨은 샘법이 있다. 과거에는 비노동력 인구로 계산에서 빠져 있던 여성인구가 노동력 인구로 편입되었고, 또 지금까지 생산가능인구에서 제외되었던 65세 이상의 고령자들이 계속고용 덕분에 노동력 인구로 편입되었기 때문인 것을 오해하면 안 된다.

예를 들어 세계 최대 지퍼회사인 YKK에서는 65세 정년을 폐지했고, 가전대기업인 노지마는 80세 정년이라는 파격적인 제도마저 아예 없애고 건강만 허락한다면 일하고 싶을 때까지 할 수 있게 했다.* 이 모든 게 2021년 4월에 노동법을 개정한 '고령자고용안정법' 덕분이다. 그리고 아직은 폐쇄적이긴 하지만 코로나19가 종식되고 나면 외국인 노동자들의 고용도 확대될 것으로 기대하고 있다.

이렇게 노동력 인구가 증가하는 데도 여전히 일자리가 부족한 이유는 기업의 실적이 개선되면서 노동력 부족을 채우지 못할 만큼 일손이 부족한 측면도 있지만, 일본 특유의 화和의 정신, 그러니까 더불어 살려고 하는 경영마인

* 일본 경제신문 및 한겨레신문(2021. 10. 14.)기사 참고

드라고 할까, 이것이 한몫하고 있다는 점도 잊지 말아야
할 부러운 대목이다. 그러니까 저출산 문제가 해결되거나
생산가능인구가 증가한 것은 아닌데 기존에 있던 인구를
어떻게 활용하느냐에 따라 노동력 인구 부족은 해결할 수
있다는 것이다.

정리하자면, 마치 인구가 증가한 것처럼 보여 주택수요
도 덩달아 증가하겠지?라고 해석되는 경우도 있지만, 안
을 들여다보니 그게 아니라는 것이다. 주택도 그대로 있고
사람도 그대로 있으니까 부동산이 널뛰기하는 일은 없겠
다는 의미다.

더불어 산다니, 그게 화和의 정신이라니, 부러우면 진다
고 하는데, 이 대목만큼은 일본이 부럽다.

1.57 쇼크와 저출산 다견화

쇼시다켄카小子多犬化라는, 한국에 없는 이 말이 무엇을

의미할지, 아마도 한자를 아시는 분들은 벌써 짐작을 했을 것이다. 원래 소자고령화小子高齡化 현상을 일본의 애완동물 비즈니스 과열현상에 빗대어 '아이는 적고 강아지는 많다'고 꼬집은 표현이다.

사실 저출산 문제는 일본뿐만 아니라 우리나라에서도 동일한 사회적 이슈로 부각되고 있다. 젊은 노동인구 감소와 노령인구 증가에 따른 사회 전체의 의료비 및 연금 등 사회보장 관련 비용의 부담, 그리고 농업후계자의 부족현상과도 직결되기 때문에 국가부도까지 염려하는 학자도 있다.

우선 일본의 저출산 현실을 살펴보자. 1989년 일본에서는 전후 최저 수준의 출생률인 1.57명을 기록하면서 '1.57 쇼크'라는 신조어가 등장하였다. 2005년에는 합계출산율이 1.26명까지 낮아진 후 매년 약간씩 상승해 2011년 1.64명까지 늘었다가 이후 다시 지속적으로 줄어들면서 2021년 현재는 1.34명까지 떨어졌다. 그래서 이제는 인구 유지에 필요한 2.07명은 앞으로도 불가능하다고 전망하고 있다. 지금과 같은 합계출산율이라면 500년 뒤에는 겨

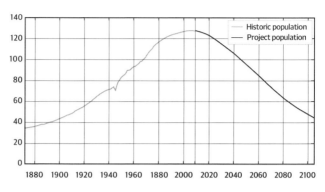

1880~2100년 사이의 일본의 인구 추이(단위 명)

우 10만 명 수준이 될 것이라는, 그래서 조몬시대縄文時代, BC13,000~BC300년의 인구가 될 것이라는 황당한 분석결과도 있을 정도다.

출생아 수 역시 줄어들기는 마찬가지다. 2017년 99만 7000명으로 100만 명 선이 무너진 이후 지금에 이르기까지 회복되지 못하고 있다.

인구 감소를 현실적으로 느낄 수 있는 것 중 하나가 1994년 6만여 개소의 주유소가 지금은 3만 7천여 개로 줄어들었다는 통계자료다. 자동차를 이용하는 젊은 층이 감소하니까 주유소가 적자를 견디지 못하고 문을 닫은 탓이다. 게다가 세계 최고의 고령화가 진행된 일본의 사정을 감안하면 생산가능인구 4명이 노인 1명을 지원해야 하는 상황에 직면해 있다. 그래서 일본 정부는 저출산으로 인한 인구 감소를 '유사 이래의 재난사태'로 규정하고 출산장려 및 육아대책에 총력전을 기울이기 위해 고육책으로 제시한 것이 1994년 12월 엔젤플랜이다. 이후 고이즈미 정권 때인 2004년에 「소자화사회 기본대책법」을 통과시켜 아이 낳는 일을 국민의 의무로 제정하기도 했다. 2006년에는 '출산 무료화 제도'를 통해 출산비용을 전액 국가가 부담하는 제도를 시행해 오고 있다.

아울러 2015년 4월에는 총리실 내에 자녀 육아본부를 신설하였고, 10월에는 저출산·고령화 문제에 대응하기 위해 가토 가즈노부加藤勝信, 1955. 11.~ 를 1억총활약담당상장관으로 임명하기도 했다. 2050년 이후에도 인구 1억 명을 유지하는 사회1억총활약사회를 만들겠다는 것이다. 아울러 합계출산율을 1.8명으로 끌어올리는 정책을 추진하기 위해 비정규직 처우개선을 위한 동일노동 동일임금정책, 보육 및 개호와 관련하여 인력과 시설에 대한 지원, 최저임금 1천 엔 인상을 중점적으로 추진하여 기존에 추구해왔던 기업중심 정책에서 가계와 소득중심정책으로 경제활성화 기조에 변화를 가져오고 있다.

그러나 저출산은 단기간에 해결할 수 있는 문제가 아니고, 또 이러한 정책이 효율성이 있을지에 대해 의문을 제기하는 분들도 많다. 자녀양육비, 교육비부담, 출산으로 인한 소득감소 등이야 경제적 지원을 확대하면 어느 정도 해결 가능한 것이지만, 결혼으로 인한 직장 차별 때문에 아이를 갖지 않는 것은 다른 차원의 문제이기 때문이다. 나아가 여성들의 사회진출이 증가하면서 초혼 연령이 늦어지고, 혼자 사는 것도 행복한데 굳이 결혼할 필요가 있나 하는, 배우자의 존재 여부에 대한 가치관이 변하면서 독신으로 살고자 하는 여성들도 증가하고 있는 추세이기도 하다.

그래서 아베 내각安倍晋三, 총리 재임기간 2012. 12.~2020. 9. 때에는 정부나 기업이 2020년까지 여성 리더를 30%까지 확대하겠다는 '우머노믹스Womenomics'를 아베노믹스의 핵심과제로 설정*하고, 우머노믹스 신성장전략을 발표하기도 했다.**

중요한 점은 여성의 취업을 돕기 위해 돈을 쏟아붓는 정책보다는 여성이 아이를 낳아도 삶의 질을 떨어뜨리지 않도록 사회 분위기를 조성하고 복지위주의 정책을 실시하는 것이 더 중요하지 않을까? 그렇지 않으면 아이를 낳는 것에 대한 부담감이 사회문제로 부각되면서 경제활성화를 저해하고 이것이 국가 경제에도 타격을 줄 것이다.

---

* 아베 총리는 2014년 1월 22일, 스위스 다보스에서 개최된 세계 경제 포럼 모두연설에서 여성이 활동할 수 있는 사회를 실현하도록 국가와 정부가 총력을 기울이겠다고 선언했다.

** 첫째, 2020년까지 취학 전·취학 적령기의 잠재수요를 포함한 대기 아동 문제를 해결한다. 둘째, 2020년까지 25~44세의 여성 취업률을 73%까지 끌어올린다. 셋째, 2020년까지 첫째 아이 출산 전후의 여성 계속취업률을 55%까지 끌어올린다. 넷째, 2020년까지 남성의 육아 휴업취득률을 13%까지 끌어올린다 등으로 구성되어 있다.

참고로 2021년 한국의 신생아 수는 32만 6천 명이다. 통계작성이 시작된 1970년 이후 최저치로, 일본의 3분의 1 수준에 불과하다. 합계출산율은 0.84명으로, 경제협력개발기구OECD 회원국 가운데 꼴찌다. 아니 1등이라고 해야 하나? 합계출산율이 1 미만인 국가는 유일하게 '대한민국'만 있다.

일본의 '1.57 쇼크'는 한국 기준에서 보면 부러운 숫자이다. 그런데 쇼크라니? 이럴 때 쓰는 단어는 아닌 듯하다.

단카이 세대와 고령화 대책

일본은 세계에서 고령화가 가장 심화된 국가다. 고령화율 추이를 살펴보면, 1970년 고령인구 비율이 7.1%로 고령화사회에 진입했고, 1994년 14%를 넘어서면서 고령사회가 되었으며 2004년에 세계에서 가장 먼저 초고령사회 65세 이상 인구가 20% 이상에 진입한 국가다. 2021년 기준 29.7%

까지 오르면서 3명 중 1명이 노인이 된 국가가 일본이다. 이대로 가다간 향후 2060년에는 고령인구가 40%에 이를 것으로 전망하고 있다.

여기에 단카이 세대까지 합류하다 보니 고령사회가 경제 회복의 최대 난문제로 집중되고 있다. 그런데 680여만 명에 이르는 단카이 세대에 대한 연금 급부가 현역세대에게 큰 부담으로 다가오면서 젊은 세대의 취업 의욕을 저하시키고 있다. 단카이 세대가 대량 퇴직하면서 이들의 빈 공간을 채우기 위해서라도 새로운 인력이 필요했지만, 그게 그렇게 쉽지만은 않은 상황이다. 그러다 보니 고령자들의 퇴직 시기를 늦추는 방향을 선호하거나 또는 이미 퇴직한 직원들을 재고용하는 방안도 활성화되고 있다.

예를 들어 정년 폐지나 계속고용 등의 제도가 바로 그런 것이다. 2007년 단카이 세대의 대량 퇴직을 우려한 일본 정부는 근로자의 정년을 60세에서 65세로 연장하도록 고령자고용법을 개정했고, 이로서 계속고용이 성공적으로 안착하였다는 평가를 받았다. 고용의무화 연령을 단계적으로 올려, 2013년에는 61세, 2016년 62세, 2019년 63세,

2022년 64세, 그리고 2025년에는 65세로 한다.

그러다 보니 일본에서는 '실버 민주주의シルバーデモクラシー, silver democracy'라는 새로운 신조어가 탄생했다. 정치인들이 젊은 친구들의 요구는 아랑곳하지 않은 채 투표 인구를 의식하고는 고령자정책을 우선시하는 편향된 공약을 내놓게 되는 것이다.

한편 보통 잠재성장력은 자본투입, 노동투입, 생산성 향상 등에 의해 결정되는데, 노동력이 감소하면 자본투입과 생산성이 동시에 감소할 가능성이 높아져 국가 경제에 타격을 입게 된다. 이를 극복하기 위해, 그리고 새로운 성장의 모멘텀을 만들기 위해 아시아로부터 노동력을 제공받아야 한다는 전문가들의 목소리도 있지만, 순혈주의를 추구해 왔던 일본이 이민정책을 받아들이기는 쉽지 않아 보인다. 저출산 고령화시대로 접어든 일본에서의 이민정책은 생존이 걸려 있는 이슈이기는 하지만, 문제는 외국인 이민자들이, 특히 동남아 이민자들이 일본 사회의 일부라는 인식을 한다는 게 쉽지 않은 곳이 바로 일본이다.

이제 인구 감소 국가 일본이 해야 할 일은 아시아로부터 인적자본을 받아들이는 것이 경제 활성화와 발전으로 이어질 수 있다는 여론을 만드는 것이 급선무일 수도 있다.

같은 아시아인인데, 위 아 더 월드인데 우월주의는 무슨 쓸데없는 소리인지 모르겠다.

4. 사라져가는 거품경제

부동산 자본주의 붕괴

1990년 부동산 시장이 붕괴되기 시작하면서 최저점이던 때를 기준으로 도쿄지역 상업용지, 즉 용적률이 높은 사무실을 지을 수 있는 상업용지 가격은 90% 가까이 빠졌다.

90%라니!

우리나라에서는 이런 일을 경험한 적이 한 번도 없었기 때문에 이해하기 쉽지 않겠지만, 예를 들어 100만 원짜리 땅이 10만 원이 되었다는 의미이다.

일본 중앙은행은 경기가 나빠지는 징후를 포착하면 금리를 재빨리 내려야 했는데, 1991년까지 내리지 않았다. 물론 여기에는 이유가 있다. 걸프전쟁이 발발하면서 13달러이던 국제유가가 38달러까지 3배나 오르다 보니 물가가 동반 상승했고, 물가가 오르니 중앙은행이 금리를 인하할 수 없었던 것이다. 일본은행은 또다시 적절한 시기를 놓치는 우를 범했다.

정리하자면, 금리인상에 따른 이자율 상승과 3%의 소비세 부담, 그리고 대출총량규제에 따른 대출 불가, 이렇게 세 가지 정책이 한꺼번에 쓰나미처럼 몰려오자 더 이상 빚을 내서 건물을 살 사람이 사라져 버렸다. 이때부터는 원금과 이자에 대한 부담감을 느낀 개인과 부동산업자, 그리고 법인들이 물건을 내놓으면서 자산 가격이 본격적으로 하락하기 시작했다. 당연히 공급과 수요의 원칙이 적용되면서 가격이 결정될 수밖에 없다.

결국 부동산을 담보로 자금을 대출해 주었던 은행은 원금과 이자를 갚지 못하는 부동산 물건을 압류하여 경매로 내놓게 된다. 그러나 담보로 잡은 토지와 건물을 팔아도 대출한 원금에도 미치지 못하여 기업의 부실채권이 발생하였고 그럴수록 은행 경영은 급격히 악화되어 갔다. 은행은 살아남기 위해 빌려줬던 돈을 연장하기는커녕 회수하기 시작했다. 이때 은행 빚을 갚지 못하는 기업부터 차례로 부도나기 시작하고 이를 견디지 못한 은행도 도산하는 사이클이 반복되면서 잃어버린 10년이 시작된 것이다.

일단 버블이 붕괴하면 장기침체의 함정trap에 빠지게 되어 여기에서 탈출하기 위해서는 통상적인 수준을 넘어선 수준의 탈출동력을 필요로 하기 때문에 극복하기가 매우 힘들다. *

1992년을 기점으로 자산가치가 폭락하면서 막대한 손실을 입은 기업은 위기 극복을 위해 신규 채용을 덜하거나 가급적이면 비정규직으로 뽑는 비율을 크게 늘렸다. 그러면서 취업 빙하기가 찾아오고 내수시장도 동시에 침체되

---

* 임진(2020), '금융브리프', "금주의 논단" 29권 5호, p.11.

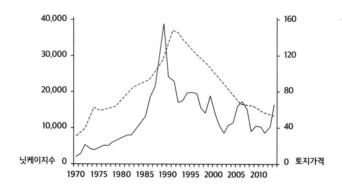

40,000   160
30,000   120
20,000   80
10,000   40
닛케이지수 0   0 토지가격
1970 1975 1980 1985 1990 1995 2000 2005 2010

일본의 자산 버블

google.co.jp

는 양상을 보였다. 1999년에는 IT 버블로 닛케이 평균주
가가 잠시 회복되는 듯 보였으나, 이도 얼마 못 가 2000년
들어와 꺼지면서 주가는 다시 반 토막이 났다.

부동산 역시 마찬가지다. 당시의 부동산 버블이 어느 정
도였는가를 가름해 보고 싶은가? 일본의 6대 도시 중 3대
권역인 도쿄東京, 오사카大阪, 나고야名古屋 등만 지가가 오를
뿐 지방은 아직도 30년 전 버블 전성기의 50%에도 못 미치
고 있다. 매물이 쏟아져도 수요가 없기 때문이다. 일본 수

     부동산 버블 붕괴는 어쩌다 시작되었나

도권 지역의 골프회원권 시세를 1990년 기준으로 100이 라고 할 때 30년이 지난 오늘날에 이르기까지도 고점대비 30% 수준에 머물고 있는 정도라면 상상이 가겠는가?

30년이 지났는데, 30년이란 세월이 지났는데도 여전히 '잃어버린'이란 단어가 사라지지 않고 있다.

더 이상 현금부자는 없다

버블 붕괴와 장기불황에 대한 Allen and Gale 2000[*]의 논문을 보면 버블형성 과정을 세 단계로 설명하였는데, 일본의 장기불황 과정을 아주 잘 설명하고 있다.

첫째, 버블은 금융자유화 및 중앙은행의 금융확장정책

[*] Allen, Franklin and Douglas Gale, "Bubbles and Crises", *Economic Journal*, 2000. Vol. 110. pp.236~255.

과 더불어 시작되고, 신용 확장은 부동산과 주식 등의 자산 가격을 지속적으로 상승시키면서 형성된다.

둘째, 버블의 붕괴는 장단기에 걸쳐 진행이 된다.

셋째, 자산구입을 위해 금융권으로부터 자금을 조달한 기업과 기관들의 채무불이행이 부실채권화되면서 이를 회수하지 못한 은행이 파산되고, 기업은 연쇄도산하면서 거품이 사그라지기 시작한다.

1991년 부동산 폭락이 시작되면서 일본에서는 '새집 문을 열고 들어서는 순간부터 집값은 떨어진다'라는 말이 유행하기 시작했다. 부동산 가격 상승과 함께 경기가 과열되면서 하이퍼인플레이션 조짐이 보이자 중앙은행인 일본은행은 물가를 잡기 위해 금리를 빠르게 올렸고 이러한 금융긴축정책으로 시장에 풀린 과잉유동성 자금은 회수되기 시작했다.

일본 정부는 금리인상과 대출총량규제정책으로 부동산 폭등을 막으려 했지만, 일본 정부의 의도와는 달리 부동산 거품은 멈추는 수준이 아니라 순식간에 꺼지기 시작한 것이다. 그 이유를 크게 두 가지로 정리하면 다음과 같다.

첫째, LTV를 활용해 부동산을 구입했던 개개인들이 버블이 붕괴되는 과정에서 원금과 이자를 감당할 수 없게 되자 자신들이 최초 구입했던 가격보다 싸게 한꺼번에 부동산을 내놓거나 경매에 넘겼다. 부동산 버블이 꺼지고 가격이 하락하는 것을 눈앞에서 뻔히 보고 있는 상황에서도 싼 매물마저 구매자가 나타나지 않았다. 현금을 갖고 있는 부자가 많지 않아서 일 수도 있지만, 부동산 가격이 회복 불가능할 것이라고 예측했기 때문이다.

둘째, 기업도 예외는 아니었다. 정부의 대출규제가 시작되자 은행에서 자금을 대출할 수 있는 길이 차단되었고, 그나마 자금을 조달한다 해도 현재가치present value가 0 이상이어야 하는데, 여전히 고금리인 상황에서 충분한 매출이 보장되지 않으면 자금대출은 하지 않게 된다. 이유는 간단하다. 기업이 서비스와 재화를 제공해도 이를 구매해줄 소비자가 줄어들면서 악순환이 지속되었기 때문이다.

결과적으로는 사람들의 욕심, 중앙은행의 무리한 긴축 금융정책, 정부의 시장 개입, 이 모든 것이 얽혀 세계사에 유례없는 부동산 폭락과 경기침체를 후세에게 유산으로 남긴 것이다.

사실 이런 유산은 남기면 안 되는데...

감쪽같이 사라진 거품들

일본은 1950년 한국전쟁을 계기로 고도성장의 기초를 다진 이후부터 1990년대까지 40년가량 주택가격이 꾸준하게 올랐다. 그래서 부동산 불패의 신화가 자연스럽게 형성된 거다. 그때는 어느 직장을 들어가든 은행에서 30년 만기 모기지를 해줬기 때문에 주택담보대출을 받아서 회사 다니는 30년 동안 열심히 갚아 나가는, 그리고 퇴직할 때쯤에는 올라간 땅값으로 심적인 안정을 유지하며 중산층으로서의 생활에 만족해하던 시대였다. 부동산 가격이 무너질 거란 생각을 아무도 하지 않았다. 모두가 경기판단을 굉장히 낙관적으로 보던 시대였기 때문에 가능했던 것이다.

그런데 이제 그런 시대는 떠나고 1990년 새해 첫날부터 주식이 하락하기 시작하면서 일본 경제 붕괴의 서막을 열었다. 그 전까지만 해도 제네콘기업종합건설회사, general contractor들은 서로 경쟁하듯 오피스 건물과 아파트맨션를 어마어마하게 지어대고 있었다. 부동산 버블의 상승세를 놓치고 싶지 않은 제네콘기업들이 평생에 한 번 있을까 말까한 돈냄새가 나는 데를 놓칠 리 있겠는가?

그런데 90년대에 진입하면서 일본 경제를 떠받치던 부동산 거품이 감쪽같이 꺼졌다. 부동산 열풍 속 돈놀이를 즐겼던 은행과 기업들이 줄줄이 도산하면서 실업자는 속출했고, 일본이 자랑하던 종신고용의 관행도 무너졌다. 내수가 위축되면서 경기는 침체로 향하고 신주쿠新宿역에서 도쿄도청東京道庁에 이르는 대로변에는 노숙자들이 늘기 시작했다.

당시의 버블 붕괴로 잃어버린 자산은 토지와 주택만

약 1400조 엔에 이른다. 일본 내각부의 계산에 따르면 일본의 토지 자산은 1990년 말의 약 2456조 엔을 정점으로 2006년 말에는 약 1225조 엔까지 하락했다. 대략 16년간 약 1228조 엔의 자산가치가 손실된 것으로 추정되고 있다. 그러니까 반토막 난 것이다.

한편, 일본의 주택담보 금리는 2011년 이후 오늘날에 이르기까지 1%를 넘지 않고 있다. 그래서 대출을 받아도 전혀 부담이 없을 텐데 아직까지도 일본인들은 집 사기를 주저한다. 90년대 버블의 악몽이 아직까지 남아 있기 때문이다.

천정부지로 올랐다 낭떠러지처럼 떨어진 아픈 추억이 전설처럼 귓가에 남아 있는 탓이 크다.

제4장

일본 부동산
폭락 후 이야기

1. 지방 소멸

죽은 도시, 다마 신도시^{多摩ニュータウン}

일본은 제2차 세계대전 이후 주택공급 부족 문제를 해결하기 위해 주택금융공고1950년를 설립하고, 공영주택법 1951을 재정한 후 일본주택공단1955을 설치하는 등 3대 핵심 주택정책을 도입하여 주택을 공급하기 시작했다.* 이

---

*   김성희, 김중은(2017), '한일 수도권 교외 신도시 고령화 특성 비교 연구-분당신도시와 다마뉴타운을 중심으로', 한국산학기술학회, Vol. 18, No. 6, p.711.

렇게 해서 일본의 대표적인 주택공급지역으로 개발된 도 시가 다마多摩 신도시이다. 한국의 부동산 전문가들이 일 본의 부동산 폭락의 예로 자주 거론되는 곳이기도 하다.

도쿄에서 약 30km 정도 떨어져 있어, 서울로 비교 한다면 동탄 정도의 거리에 있는 다마 신도시는 신주쿠 新宿까지 급행열차로 40여 분 걸리는 곳에 위치해 있으 며 1965년부터 개발되면서 1971년 3월 입주를 시작으로 1997년에 이르기까지 약 30여 년에 걸쳐 완성된 도쿄의 위성도시이다. 전체 주택공급물량의 61%를 일본주택공단 이 개발하고 그 외 주택공급공사가 16%를, 그리고 도쿄도 도영주택이 21%를 개발하면서 98%를 공공부문이 공급하 였고 나머지 민간 영역의 공급은 2%에 불과했다.

일본의 경제가 한창 성장하던 시기에 도쿄의 베드타운 역할을 하던 다마 신도시는 1970년대 일본이 고도경제성 장 과정에서 도시집중현상을 분산하기 위해 개발한 첫 번 째 신도시였기 때문에 상징성이 크다.

우사기고야兎小屋, 토끼장만한 집도 사기 어려운 시대에, 출퇴 근 2시간은 기본인 도심 외곽지역도 서민들에게는 어쩌면 사치였을지 모른다. 초기 분양 경쟁률이 80대 1을 기록할 정도로 인기였던 40만 인구의 다마 신도시가 지금은 20만여 명의 반 토막 도시로 전락했다. 젊은 인구는 도쿄 등 도심으로 떠나고 빈집들이 점점 늘고 있는 죽은 도시가 되어버린 거다.

다마 신도시가 몰락한 이유는 기본적으로 직장수요가 없는 그저 베드타운인 도시로 설계되었기 때문이다. 잠은 다마시에서 자지만 아침에 일어나면 도쿄로 출근하러 가야 하는데, 문제는 다른 어떤 나라보다 비싼 일본의 교통비와 길거리에 버리는 시간 때문에 삶이 피곤해지는 것이다. 오히려 집세를 더 주더라도 인프라가 갖추어져 있는 도쿄로 이사가는 것이 낫다고 생각하는 사람들이 계속해서 증가할 수밖에 없다.

우리나라 역시 일본의 다마 신도시와 유사한 사례가 있다. 1988년, 서울올림픽이 열리던 그해, 서울의 주택부족 문제와 부동산 폭등에 대한 근본적인 해결을 위해 정부에서 '주택 200만호 건설계획'을 발표하고 분당신도시를 시작으로 5개 신도시를 건설한 케이스이다. 서울로의 접근성이 뛰어난 동탄과 판교, 그리고 광교신도시 등 2기 신도시 개발계획 당시에는 다마 신도시의 사례를 연구했다고 하는데, 이때 다마 신도시를 타산지석他山之石으로 삼아 우리나라의 신도시는 단순히 잠만 자는 베드타운이 아니라 생산과 소비가 동시에 이루어지는 자족도시로 개발되었다는 점은 칭찬할 만하다.

한국인은 학습효과가 빠른 민족이다. 부동산정책도 일본을 반면교사 삼아 폭등과 폭락의 반복을 막을 수 있을 것이다.

지방 소멸

일본의 지방 도시는 인구 감소와 초고령화로 죽은 도시와 다름없게 되었다. 지방의 주택수요는 갈수록 줄어드는

데 그런 곳에 끊임없이 주택을 공급하였으니 지방이 소멸될 수밖에 없는 구조이다.

1992년 이후부터는 일본의 주택가격이 본격적으로 하락하는 버블 붕괴를 경험했지만, 그럼에도 비싼 돈을 주고 아파트를 구입했던 단카이 세대団塊世帯*들은 억울해서도 자신들이 구매했던 주택가격보다 내려서 팔 생각을 하지 못했다. 어쩌면 버블 붕괴를 부정하고 싶었는지도 모른다. 그런데 이들이 은퇴해도 자식들이 같이 살지 않고 도시로 떠나 버리기 때문에 도시 외곽지역과 지방에 텅텅 비어 있는 아파트나 주택은 단카이 세대가 지나고 나면 아마도 그대로 유령도시가 될 가능성이 높다.

그러니까 일본의 지방은 이제 고등학교와 대학의 폐교,

---

* 1947~49년 일본의 베이비붐 시기에 태어난 세대를 말하며 이들이 2007년부터 60세 정년을 맞이하면서 정부가 정년을 폐지하거나 65세로 연장하는 정책을 실시하여 2012년부터 대량 퇴직이 본격화되었다. 소설가 사카이야 다이치(堺屋太一, 1935~2019)의 1976년 작 『團塊世代』에 처음 등장한 후 현재 일본에서는 베이비부머를 뜻하는 인구사회학적 용어로 정착되었다.

그리고 인구 감소 및 고령화로 일자리가 줄어들면서 젊은 이들은 대도시로 나가고, 비싼 생활 물가와 높은 인건비 때문에 제조업은 또 해외로 빠져나가면서 3D업종에서 일할 일손마저 부족한 상황에 직면하였다. 게다가 도쿄의 도심지 개발을 옥죄고 있던 규제가 풀리면서 지방 도시는 빠른 속도로 쇠락의 길을 걷고 있다.

2000년 이후 일본의 부동산정책이 신도시 개발이 아니라 도시재생사업으로 전환되면서 이제는 신도시 거주인구가 도심으로 회귀해 오고 있다. 마치 우리나라의 성수동이나 구로 같은 공장지대를 재생하고 있는 것을 생각하면 된다.

결국 너도나도 도시로 몰려들면서 지방은 물론 도쿄 근교의 신도시마저도 활력을 잃게 되는 상황에 직면하고 있다. 그래서 '도쿄일극東京一極' 집중에 대한 부작용을 우려해 일본 정부도 인구분산정책을 고민하고 있지만, 일자리를 찾아 몰려드는 젊은이들을 내쫓을 수도 없어 쉽지만은 않다. 도시와 지방간 불균형은 일본만의 문제는 아니다. 우리나라도 국토균형발전 측면에서 일본의 지방 소멸을 참고해야 한다.

그런데 소멸될 게 따로 있지. 지방은 소멸 대상이 아니라 재생할 삶의 터전이란 걸 잊지 말아야 한다.

빈집

일본의 도쿄東京, 오사카大阪, 나고야名古屋 등 대도시 집값은 올랐지만 지방의 빈집 문제는 아직까지도 해결하지 못하고 있다. 대도시 주변에는 노후된 맨션과 아파트가 많고 공실도 심해 여전히 침체상태이며, 특히 시골의 인구가 줄다 보니, 한국도 그렇지만 일본 역시 도시와 지방의 격차는 심각한 상황이다. 오르는 곳은 계속 오르고 내리는 곳은 계속 내리는 구조가 정착된 듯하다.

일본은 재건축도 어렵다. 구분소유법建物の区分所有等に関する法律이 발목을 잡고 있기 때문이다. 이 법은 한 동의 건물을 구분하여 소유권의 대상이 되는 경우 각 부분마다 소유관계를 정하고 또 그러한 건물 및 그 토지 등의 공동관리에 대해 정한 법률이다. 예를 들어 단지 전체를 재건축할

때에는 단지관리조합원 전체의 4/5 이상의 동의가 있어야 가능하고, 각 동의 경우에는 2/3 이상의 찬성을 얻어야만 가능하다.

정비사업 관련 제도가 까다롭고 주민협의체를 구성하는 것도 어렵다. 한국의 재건축 요건보다 훨씬 까다롭기 때문에 도시재생사업이 한국만큼 쉽지 않다. 실제로 2018년 일본 국토교통성 자료에 따르면 지은 지 40년이 넘는 아파트가 아직도 약 73만호가 있지만, 그중 재건축한 케이스는 고작 250건으로 1%에 불과할 정도이다. 그래서 한국처럼 아파트 재건축 허가가 났다고 플래카드 거는 단지를 일본에서는 볼 수가 없다.

주택공급 측면에서도 일본은 실패했다. 1억 2천만 국민을 3인 가족 기준으로 볼 때 주택의 적정선은 4천만호 정도라고 한다. 문제는 일본의 주택이 대부분 오래된 목조주택이고 또 자연재해와 지진도 자주 발생하기 때문에 40년마다 감가상각이 이뤄진다고 보면, 인구 대비 적정 공급량은 매년 100만호 정도이다. 그런데 1980년대 후반부터 1990년대 초반에 이르기까지 6년 연속 150만호 전후로 과

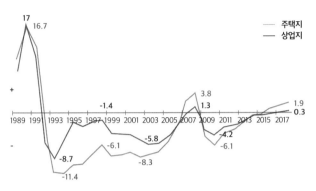

일본 토지 공시가격 추이(단위: %)

자료: 국토교통성

잉 공급하다 보니 주택가격의 폭락에 기름을 붓는 꼴이 된 것이다. 이때의 주택 과잉 공급은 결국 빈집으로 남게 되어 2018년 기준 빈집 비율이 13.6%에 이른다. 그 결과 아직까지도 인구 1000명당 주택 수는 일본이 494채로 한국 412채과 미국421채보다 많은 편이다. *

* 　《조선일보》 기사(2021. 2. 24) 참조.

일본의 버블 붕괴 당시 도쿄의 주택보급률housing penetration rate, 주택 수/가구 수은 이미 100%에 이르러 집값이 폭락하고 있었지만, 그럼에도 불구하고 일본 정부가 경기를 부양한다면서 대도시 주변에 공공주택을 건설한 것은 금리정책과 더불어 또 하나의 명확한 정책의 실수였다. 이러한 잘못된 정책의 선택이 지금까지 일본의 경기침체에 영향을 미치고 있고 이게 잃어버린 20년으로 이어진 것이다.

공급이 감소세로 돌아선 건 1995년 이후부터였다. 13개 도시은행이 3개의 메가뱅크로 재편되고, 이 과정에서 대출이 어려워지면서 그나마 주택공급이 감소하게 되었다.

'짱구는 못말려'를 보면 전형적인 일본식 목조주택이 등장한다. 목조주택은 튼튼하지는 않지만 지진 발생 시 무너질 때 그나마 안전하다고 판단해서 짓는 것이다. 그런데 최근 일본 뉴스뿐만 아니라 한국에서도 일본의 목조주택 거래가격이 1엔이라는 뉴스가 자주 방송에 나왔다.

이야기는 이렇다. 조부모, 또는 부모가 돌아가신 후 지방의 다 쓰러져 가는 목조주택을 상속받으려다 보니 상속

세도 부담이지만 매년 재산세까지 부과해야 해서 차라리 철거를 하는 게 낫겠다 싶은 것이다. 그런데 철거비도 만만치 않아 아예 1엔으로 책정하여 부동산에 매물을 내놓거나 무료로 누군가가 가져갔으면 한다는 내용이다. 그만큼 일본에서 대도시 외에는 주택거래도 거의 없고 방치된 폐허 때문에 마을 분위기가 을씨년스럽게 변하면서 사회문제로 대두되고 있다. 그 결과 2013년에 이미 7채 중 1채가 빈집이 되었고, 이후 지속적으로 빈집이 증가하면서 지금은 약 840만호에 이르고 있다고 한다. 참고로 우리나라도 약 140만호가 빈집이다. 아무튼 일본에서는 이대로 가다가 2033년에 이르면 2,167만 채, 즉 3채 중 1채 꼴로 빈집이 될 것이라는 전망도 나오고 있다.

일본은 2000년대 들어서면서 도시경쟁력 강화, 메가시티를 지향하며 임대주택을 비롯해 재건축 재개발로 또다시 주택공급량을 늘려왔다. 서울 도심을 순환하는 한국의 2호선처럼 도쿄의 지상철 야마노테선山手線 안에 있는 도심은 지금도 굉장히 노후하다. 깨끗한 도로 옆으로 오래

된 빈집도 많다. 이런 곳이 주거환경은 좋지 않지만, 반경 200~300미터 안에 전철이나 지하철역이 있을 만큼 교통이 편리하다 보니 사람들이 점점 모여들면서 재개발이 기대되는 곳이다.

도쿄 한가운데가 슬럼화된 채로 방치해서는 안 될 텐데, 다른 곳도 아니고 신주쿠인데…

텅 빈 지방의 테마파크와 지방공항

1980년대 초까지만 하더라도 일본은 노동시간 최장 국가 중 하나였지만, 1980년대 중반부터 주당 40시간 노동제*를 도입해 노동시간을 줄이면서 여가 시간이 늘어나다 보니 버블 경기로 쌓인 돈뭉치를 호주머니에서 꺼내고 싶

---

* 10인 미만 사업자나 영화 및 연극업, 보건위생업, 서비스 및 오락업은 1주 44시간까지 근무 가능하다.

부동산 버블 붕괴는 어쩌다 시작되었나

어하는 제네콘 기업들에 의해 여기저기 테마파크가 우후죽순 생겨났다.

1993년, 일본 최대 실내 스키장인 자우스ザウス가 후나바시시船橋市에 건설되었고, 역시 세계 최대 실내 워터파크 시설인 오션 돔オーシャンドーム도 같은 해에 미야자키현宮崎県에서 오픈했다. 하우스텐보스ハウステンボス도 비슷한 흐름을 타고 1992년에 나가사키현長崎県 사세보시佐世保市에서 개장했으며, 그 외에 여러 지방 도시에 수많은 테마파크와 박물관이 들어섰다.

거품이 꺼진 뒤에는 80년대 초에 오픈한 도쿄 디즈니랜드와 오사카의 유니버설 스튜디오 정도만 제외하고는 입장객이 줄면서 하나둘씩 파산했다.

1만 명을 수용할 수 있다는 오션 돔은 명성이 무색할 정도로 파리만 날리다 2000년대 중후반에 망했다. 자우스는 세계 최대 규모의 스키장이라는 명성에 어울리지 않게 10년도 유지하지 못한 채 2002년 9월, 그 튼튼했던 철골들을 뜯어내 고물상에 넘겨야 했다.

현재 재가동하고 있는 하우스텐보스는 한국인과 중국

인 관광객이 오갈 뿐 일본인들은 거의 찾지 않는 곳으로 전락했다.

우리나라도 약간은 비슷한 상황이 부동산 버블과 맞물려 전국에서 일어나고 있다. 탤런트 임채무의 '두리랜드'를 말하는 것이 아니다. 호수나 바다에 걸친 출렁다리와 케이블카가 서로 더 길다며 경쟁하듯 산하를 뒤덮고 있다. 나는 왜 자꾸 일본 버블 경기 때의 데자뷰가 떠오르는지 모르겠다.

플라자 합의 이후 경제침체를 잠재우기 위해 추진하기 시작했던 지방공항 건설 역시 마찬가지다. 일본 전역에 걸쳐 콘크리트를 얼마나 쏟아부었는지, 현재 일본에는 거점 공항 28개, 지방공항 54개를 포함하여 총 98개의 공항을 만들었지만, 코로나19가 아니었어도 대부분이 텅 빈 공항에 잡풀만 무성할 뿐이다. 일본이 우리나라보다 넓다고 해봐야 남한의 3.7배에 불과한데 공항 숫자는 9배나 된다. 홋카이도에만 11개가 있을 정도다. 현마다 두 개씩 공항이 있다고 보면 된다.

공항에 비행기가 날아야지 파리가 날면 안 되는데...

2. 은행 소멸

야마이치 증권회사 파산의 상징성

버블기에는 금융기관이 경쟁적으로 부동산 관련 융자에 뛰어들었지만, 버블 붕괴 후 토지 신화가 무너지고 나서는 금융기관이 대출해 주었던 자금이 천문학적인 부실 채권으로 되돌아왔다. 이에 따라 일본의 수많은 금융기관들이 위협을 받으면서 파산하기 시작했다.

1992년 동양신용금고東洋信用金庫를 신호탄으로, 93년에는 오사카부민신용조합大阪府民信用組合이 기존의 금융기관에 흡수·합병되었다. 1995년 7월에는 도쿄의 최대 신용조합

이었던 코스모신용조합コスモ信用組合이 파산했고, 8월에는 제2지방은행 가운데 최대 규모인 효고은행兵庫銀行과 기즈 신용조합木津信用組合이 파산 처리되었다.

1997년 11월 17일, 홋카이도타쿠쇼쿠은행北海道拓殖銀行이 제2차 세계대전 이후 도시은행으로는 처음으로 파산한 기록을 남기고는 역사의 저편으로 사라졌다. 타쿠쇼쿠은행은 홋카이도 개척이라는 국책사업을 수행하기 위해 1900년에 특수은행으로 설립된 뒤 약 백여 년에 걸쳐 홋카이도 경제를 뒷받침해 온 굴지의 은행이었기에 일본 사회가 받아들인 충격의 크기는 달랐다. 일본 전국에 걸쳐 195개에 달하는 지점과 파산 직전의 예금 총액이 약 5조 엔에 이를 정도의 규모였지만, 세월에는 장사가 없다는 말이 새삼 진리처럼 다가온 사건이었다.

그러나 더 놀라운 것은 이로부터 불과 1주일 후인 1997년 11월 22일, 일본 4대 증권회사 중의 하나인 야마이치증권山一証券이 도산한 것이다. 야마이치증권의 부채 총액은 3조 엔에 이르렀고 파산하기에 앞서 총회꾼 사건으로 미키 아츠오三木淳夫, 1935~2006 사장이 구속되는 파동을 겪으면서 거래처 및 투자가들로부터 신뢰도가 급격히 추락하는 경영 위기에 직면하였다. 이후 경영 전망에 대한 불안감 때문에 고객들의 예금인출이 그치지 않았는데, 이러한 상황이다 보니 자금조달 길이 막히면서 더 이상 경영이 불가능하다는 판단하에 폐업신청을 하게 된 것이다.

그런데 당시 야마이치증권회사의 사장으로 승진한 지불과 3개월밖에 안 된 노자와 쇼헤이野沢正平, 1938~ 씨가 야마이치의 자주폐업 발표 생방송 기자회견1997년 11월 24일 도중 엉엉 울면서 다음과 같은 '레전드 명언'을 남긴 장면은 일본 사회를 들여다보는 또 하나의 '장르'로 남게 되었다.

"みんな私ら（経営陣）が悪いんであって、社員は悪くありません！どうか社員に応援をしてやってください。優秀な社員がたくさんいます。お願いします。私達が悪いんです。社員は悪くございません"

부동산 버블 붕괴는 어쩌다 시작되었나

눈물의 기자회견을 하는 야마이치사장

닛케이신문(https://www.nikkei.com)

말하자면, 7천5백여 명의 사원들은 잘못이 없고 전적으로 경영진의 책임이다. 그러니 갈 곳 없는 우수한 사원들에게 일자리를 찾아 달라는, 뭐 이런 내용이다.

지극히 일본적이었던 이때의 기자회견 덕분에 그는 해외토픽으로 전 세계에 소개되면서 '눈물의 사나이'라는 별명을 얻었고, 2004년 중견증권회사인 센츄리증권회사センチュリー証券会社의 사장으로 재등극하면서 다시금 유명세를 탔던 주인공이기도 하다. 이때가 일본이 장기불황에서 벗어나는 시점이었기 때문에 그의 눈물의 파산 기자회견은 그만큼 상징성도 강했다.

아무리 그래도 '니뽄노 오또꼬'가 생방송 중에 목 넘어가게 우는 장면은 좀...

토지에 불패가 없듯 은행의 불패도 사라졌다

1990년대 초부터 거품이 사라진 경기침체가 지속되면서 금융기관에서 대출받은 기업들이 원리금 상환이 힘들어지자 하나둘씩 버블 경기 때 구입했던 토지를 부동산 시장에 내놓기 시작했다. 그러나 매물이 증가해도 수요가 없다보니 토지의 담보가치가 하락하면서 원금을 갚지 못하게 된 기업의 부실채권이 고스란히 은행에 부담을 주었다.

부실채권을 떠안게 된 금융기관은 대출기업에 대해 금리감면 등의 구제조치를 취했지만, 불황이 지속되면서 기업수익이 더 이상 호전되지 않아 부실채권 액수만 확대되는 결과를 낳았다. 이렇게 되자 은행은 주가하락으로 인한 손실과 부실채권으로 자기자본이 감소되면서 부실화되는 상황에 직면하였다. 그런데도 안일하게 대처했던 대장성은 순진하게도 경기가 회복되면 부실채권 문제가 자연스럽게 해결될 것이라고 믿고 더 이상 적극적인 대처를 하지 않았다. 이것이 바로 일본 금융시스템의 붕괴라는 결과를 초래한 과정이다.

세계 최고의 시가총액을 자랑했던 도쿄증권거래소도 그 명성을 회복한다는 것이 그렇게 간단하지만은 않았다. 증권수수료는 다른 나라에 비해 비교적 높았고 유가증권 거래세도 지불해야 하는 상황에서 외자계 증권회사는 아시아의 거점을 일본 도쿄에서 싱가포르 시장으로 옮겨 갔다. 이러한 변화에 깜짝 놀란 일본 정부는 금융시장의 대개혁을 실시했던 영국의 금융개혁big bang이 일본에서도 반드시 필요하다는 절실함을 느끼고는 일본판 금융 빅뱅을 시도했다.

하시모토 정권橋本龍太郎, 1937. 7.~2006. 7., 재임기간 1996. 1.~1998. 7. 하에서 제기되었던 일본판 금융 빅뱅은 일본 대기업의 개혁에 대한 압력과 미국 금융업계로부터의 금융개방 요구로 추진된 개혁이었다. 정부는 증권수수료의 완전자유화를 시작으로 다양한 규제와 관행을 개혁했다. 대표적으로 자산운용규제, 시가회계 도입, 금융상품의 규제 철폐 등 금융제도에서도 각양각색의 개혁을 추진해 나갔다. 또한 종합경제대책의 일환으로 총 16조 엔의 경기부양조치를 발표1998년 4월하면서 부실채권 정리방안을 제시하였고, 금융재생종합계획1998년 7월도 연이어 발표하였다.

지금까지의 각종 경제대책이 부실채권을 처리하는 데 중점을 두었다고 한다면, 금융재생종합계획은 금융기관으로부터 부실채권을 강제로 인수해 가교은행bridge bank과 정리회수은행 등을 통해 공적자금으로 손실을 보전해 주는 것이 목적이었다.

원래 은행도 시장원리에 따라 살아남든지 파산하게 놔두던지, 아니면 때에 따라 적법하게 처벌해야 하는데, 일본 정부는 오히려 국민세금으로 은행을 보호해 주었다. 이를 위해 1998년 10월, 예금보험기구가 전액 출자한 자회사인 정리회수기구RCC: The Resolution and Collection Corporation를 설립하고 부실채권을 사들여 관리, 회수하는 금융재생 프로그램을 추진하였다.

그러나 2000년대 들어와서도 부실채권 문제가 해결의 실마리를 찾지 못하자 정부차원에서 부실채권 정리를 고민하게 되었다. 특히 아시아 위기를 전후로 부실채권이 급증하면서 구조조정과 공적자금 투입이 불가피해졌다.

일본 금융기관이 떠안고 있던 부실채권 명세표를 살펴보면, 2002년 3월 말 43조 엔, 신용금고와 신용조합 등 비은행권 금융기관까지 포함하면 52조 엔까지 증가하는데, 이는 총 대출금에서 부실채권이 차지하는 정도가 8.6%를 웃도는 규모이다. 이에 따라 일본 정부는 부실채권을 정리하기 위해 1998년부터 2002년 2월에 이르기까지 약 60조 엔에 이르는 공적자금을 투입하여 부실채권을 처리하였지만, 도시은행만 살아남고 대부분의 약소은행들은 합병되거나 폐쇄하였다. 공적자금이 적은 금액이 아닌데도 연쇄부도를 막지 못했다는 것은 그만큼 부실채권의 규모가 상당했다는 증거이다.

여기서 멈추지 않았다. 2000년 치요다생명千代田生命을 시작으로 다이햐쿠생명第百生命, 교우에이생명協栄生命, 다이쇼생명大正生命이 파탄했고, 2001년에는 도쿄생명東京生命이, 그리고 2008년에는 야마토생명大和生命이 파탄하면서 생명보험사 대부분이 외자계 보험회사에 흡수되었다.

왜 이렇게 된 걸까? 여러 이유가 있겠지만 역시 부동산에서 점화되었던 버블의 붕괴가 원인이다. 그러니까 쇼와시대昭和時代, 1926~1989 때 발생했던 버블이 헤이세이시대平成時代, 1989~2020에 들어서면서 붕괴되자, 과거 고금리 시대 때 계약했던 상품들의 이자를 초저금리 시대로 전환된 시점에서 발생된 역마진reverse margin이 문제가 된 것이다.

이게 무슨 말이냐면, 예를 들어 1천만 엔짜리 상품을 만기 때 이자를 더해 1천5백만 엔 돌려주겠다는 상품에 가입했다고 하자. 그런데 이제 초저금리시대가 되었다고 해서 이미 판매된 상품을 파기하거나 또는 현재 금리에 맞춰 1천1백만 엔을 줄 수는 없지 않은가? 이를 금융권이 감당하기 힘들다 보니 어쩔 수 없이 회사를 매각하게 된 것이다.

참고로 일본은 보험회사가 도산할 경우 1998년 6월에 개정된 보험업법에 근거하여 '생명보험계약자보호기구'[*]를 통해 책임준비금의 90%를 보상받을 수 있게 하였다. 은행이 파탄할 경우에는 예금보험기구가 페이 오프[pay off] 제도를 통해 고객의 예금 중 1천만 엔까지는 보호해 준다.

이하는 강철구[2021][**]가 번역한 책에서 인용한 일본의 생명보험사가 외자계 기업에 흡수된 사례이다.

---

[*]　일본은 보험회사의 경영이 어려워질 경우 보험계약자를 보호하기 위해 보험계약자보호기구를 두고 있다. 이 기구의 목적은 파산한 보험회사 보유 보험계약의 이전 등에 자금을 원조하고, 인수보험회사의 경영관리, 보험계약의 직접 인수, 보상대상보험금의 지급에 관한 자금원조 및 보험금청구권 등의 매수 등을 통해 보험계약자보호를 도모하여 보험 사업에 대한 신뢰를 유지하는 것이다.

[**]　강철구(2021), 『소프트뱅크 거액적자의 결말과 메가뱅크 위기』, 어문학사

1997년 닛산생명(日産生命)* → 푸르덴셜생명

1999년 토호생명(東邦生命) → 지브롤터생명

2000년 치요다생명(千代田生命) → 지브롤터생명

2000년 다이햐쿠생명(第百生命) → 매뉴라이프생명

2000년 교에이생명(協營生命) → 지브롤터생명

2000년 다이쇼생명(大正生命) → PGF생명(푸르덴셜 지브롤터
파이낸셜생명)

2001년 도쿄생명(東京生命) → T&D파이낸셜생명

2008년 야마토생명(大和生命) → PGF생명

우리나라 아파트처럼 생명회사 이름들이 다 외래어 범벅이 되어있으니 일본의 어르신들도 보험회사 문턱을 드나들기 힘들지 모르겠다.

---

*   버블 붕괴 이전에 공격적인 영업을 지향해 왔던 닛산생명은 1990년대 저금리 기조와 주가급락으로 누적된 적자와 계약이탈로 1997년 4월 일본 생명보험회사 가운데 처음으로 대장성으로부터 업무정지명령을 받았다.

부실채권의 발생과정

자 이제 부실채권의 발생과정에 대해 정리해 보도록
하자.

기업과 개인에 대한 융자는 은행의 전통적인 업무 중
하나다. 그런데 은행이 기업에 대출을 해 줄 때 신용과 기
술력에, 그리고 미래 성장 가능성에 근거하기보다는 토지
를 담보로 융자를 해 준 것이 문제였다.

당시 기업이 관여했던 부동산 및 건설업과 관련된 융자
잔액은 매년 20%를 웃돌 정도의 속도로 증가하였는데, 일
본은 기업의 부동산 보유에 대한 세금 부담이 낮았기 때문
에 토지를 매입한 후 본래 목적인 설비투자에 활용하지 않
고 보유만 하고 있다가 가격이 상승하는 시점에서 매매차
익을 노리고 팔기에 바빴다. 너도나도 은행으로 몰려들어
손쉽게 자금을 대출받아 본래의 사업과 관련 없는 부동산
과 주식에 투자하는 데 혈안이 된 것이다. 이유는 간단하
다. 피땀 흘리며 설비투자해서 벌어들이는 이익보다는 주
식이나 부동산에 투자하여 단기간에 높은 자본소득을 얻

을 수 있다는 기대감이 높았던 시대였기 때문에 가능했던 것이다.

그런데 부동산 자산가치가 아무리 상승해도 이것을 팔아서 현금화하지 않으면 화면 속에 갇혀 있는 숫자에 불과할 뿐, 이게 비싼 가격으로 팔릴 때까지는 계속해서 세금과 대출에 대한 금리를 내야만 한다. 비싸게 팔고 싶은 게 모두의 심정이니 낮은 가격으로 내놓지 못하다가 결국 대출금과 금리를 지불하지 못하는 시점에 이르면 은행은 기다려 주지 않고 담보로 잡은 부동산을 압류해 버린다.

대출은 금지되어 있지, 은행에서는 돈도 안 빌려주지, 할 수 없이 조금 밑지는 심정으로 가격을 내릴 수밖에 없다. 그런데 이 역시 현금을 갖고 있는 구매자가 많지 않아 매매가 안 되니 울며 겨자 먹기로 더 내리지만 이마저도 쉽지 않다. 그렇다고 담보물을 압류한 은행도 별반 다르지는 않다. 토지와 건물을 담보로 대출을 해 줬지만 담보가격은 하락하지, 차압해 온 건물이 매매는 안 되지, 결국 은행도 압류한 아파트와 땅만 갖고 있을 뿐이다.

그렇다고 정부가 토지 가격 상승을 방관만 한 것은 아니다. 1987년 이후 토지 가격이 뚜렷하게 급등한 지역에 대해 융자를 많이 해 준 금융기관을 대상으로 심도 있는 특별청문회를 실시하여 문제점을 파악하였지만, 경제 전반적으로 토지관련 융자를 억제할 만큼의 효력은 갖지 못했다.

1994년부터 부동산 관련 기업의 융자대출을 동결하여 부실채권을 떠안게 된 금융기관들은 그 후유증으로 파산하기 시작했다. 부실채권이 일본 경제에 골칫거리로 떠오르자 이제는 정부차원에서 채권을 관리하기 위해 채권관리기구를 신설했다. 특히 사금융업체들은 어떻게든 불법적으로라도 채권을 회수하기 위해 안간힘을 쓰는 과정에서 돈을 갚지 못한 사람들의 집을 빼앗았다. 야반도주하고 싶어도 검정 양복에 각두기 머리를 한 채권회수업자들이 무서워서 도망가지 못하는 분들을 도와주는 신종직업이 생겨날 정도였다.

이제 1억 중산층이 아니라 1억 중하류로 넘어가는 시대가 되어 버렸다. 기업은 불황을 극복하기 위해 대량해고와 임금삭감으로 견뎌내야 했고 서민들은 쪼그라든 지갑을 열지 못한 채 생을 마감하는 분들도 계셨다.

이번에는 살아남은 금융기관들이 기업에 대한 대출에 신중을 기하면서 실물경제가 위축되기 시작했고, 이로 인해 건전한 재무제표를 유지하던 기업들 중에서도 금융권에서 융자를 받지 못해 파산위기에 직면하면서 부실채권의 증가폭이 커지는 악순환이 반복되었다. 거품경기 붕괴의 그늘이 깊어져만 갔다.

모두가 피해자가 된 것이다. 부동산 때문이다. 서민들부터 기업과 금융기관에 이르기까지 모두가 피해자이다.

은행이탈과 가시시부리

그런데 대기업은 그런다치고 왜 중소·중견기업, 그리고 비제조업 기업들까지도 부실채권이 발생했던 걸까? 은행에서 대출을 받지 않더라도 자금을 조달할 수 있는 대기업이 은행을 이탈하면 은행은 대출환경에 막대한 영향을 받게 되기 때문에 대기업들이 떠난 빈자리를 채워 줄 고객을 찾아 나서야 하는데, 이때 부동산업체나 중소기업이 눈에 들어온 것이다.

그런데 버블을 막기 위해 정부가 취했던 금융긴축정책과 부동산 관련 대출억제정책이 토지 및 부동산 등 자산가치를 하락시켰고, 더구나 주식시장도 급속히 폭락하면서 대기업에 이어 중소기업에 이르기까지 부실채권이 계속해서 증가하였다.

1993년 3월 결산부터는 BIS 국제규격인 8%의 비율에 맞추기 위해 은행은 기업으로부터 대출금을 회수하거나 또는 기업에 대한 가시시부리貸し渋り, 즉 대출을 기피하기 시작했다. 그리고 1998년에는 은행법을 개정하여 경영정보개시disclosure를 자주적 개시에서 의무규정으로 바꿔 버렸다.

금융기관의 가시시부리가 심해지자 아무래도 대출이 어려운 중소기업들부터 도산하기 시작했다. 일본은행은 이를 억제하기 위해 유동성 공급 확충책과 정부계 금융기관의 융자·보증제도를 확충하는 등 가시시부리 대책을 발표했지만, 기업들이 보유하고 있는 부동산 자산 가격이 급락하면서 기업이 처한 자금순환의 어려움은 그 누구도 막지 못했다. 아니 막을 수 있는 상황이 아니었다.

금융기관들은 안정성을 도모하기 위해 대출에 신중을 기하였고 이러한 대출경색 때문에 제조기업에서는 설비투자를 축소할 수밖에 없는 상황에 직면한 것이다. 결국 기업은 설비투자에 필요한 자금조달에 어려움을 겪게 되자 수익 구조가 악화되고, 이는 다시 경기침체로 이어지면서 주식가격을 하락시켜 부실채권이 증가하는 악순환이 반복되었다.

한편 일본의 GDP 구성비를 보면 민간최종소비지출이 GDP 전체의 약 60% 정도를 차지하지만, 대부분의 경제학자들은 민간소비 동향보다도 15~20% 정도의 구성비를 차지하는 설비투자에 주목한다. 그 이유는 민간기업의 설비투자 변동폭이 심하고 이를 통해 경제상황을 예측할 수 있기 때문이다. 그래서 기업의 설비투자는 일본 경제의 동향을 분석할 때에 중요한 변수로 사용하고 있다. 그런데 기업의 설비투자에 이어 버블경제를 지탱해 왔던 일본의 국내 소비마저 급격하게 축소되는 상황이 연출되면서 '잃어버린 10년'이 10년으로 끝나지 않았다. 10년이 20년으로 이어지고 나아가 잃어버린 30년으로 가는 것이 아닌가라는 이야기가 나오고 있다는 이유가 여기에 있다.

잃어버릴 게 따로 있지 세월을 10년씩이나 잃어버려서야 되겠는가.

3. 금융개혁의 재편

다이와은행의 뉴욕지점 철퇴

1995년 11월, 다이와은행大和銀行 뉴욕지점을 무대로 엄청난 금액의 금융사건이 발생하면서 일본 사회는 큰 충격에 빠졌다. 다이와은행 뉴욕지점 책임자였던 이구치 도시히데井口俊英, 1951~2019가 무단으로 미국채 부외거래를 하던 중 약 11억 달러라는 엄청난 손실을 입힌 사건이 미국과 일본의 대중매체에서 연일 보도되었기 때문이다. 문제는 사건이 발각되기 전까지 약 11년에 걸쳐 이러한 사실을 조직적으로 은폐해 왔다는 것과, 대장성이 부정사건을 사전에 인지하고 있었음에도 불구하고 미 금융당국에 신속하게 전달하지 않았다는 점이다.

결국 일본의 금융행정에 대한 근본적인 불신감을 불러일으키면서 다이와은행에 대한 비난보다는 오히려 대장성으로 비난의 불씨가 옮겨 갔다. 미 금융당국은 다이와은행에 대해 미국에서 전면 철수하도록 명령을 내렸고, 이를 계기로 일본에서는 금융제도에 대한 개혁의 필요성을 절실히 느끼게 된다.

여담인데, 다이와은행을 파산시킨 도시히데는 출감 후 『告白』고백이라는 자서전을 출판하고 전 세계를 돌아다니면서 자신의 실패를 돈벌이 삼아 평생 먹고살기에 지장이 없을 만큼 강연하러 다녔다고 한다.

한편 1998년에는 금융기관에서 대장성과 일본은행을 상대로 한 접대 의혹이 잇따라 드러나면서 관련자들이 도쿄지검에 체포되는 등 대장성의 재량행정裁量行政*은 사직 당국의 메스를 통해 거의 완전히 숨이 끊겼다. 장기간 자민 당 일당지배체제가 지속되는 동안 관료 주도의 정政-관官-재財 이익구조의 유착이 심화되었고, 여기에 대장성의 권한이 가중되면서 금권정치plutocracy의 구조적인 부정부패가 드러난 것이다.

버블 붕괴 후 경기침체를 벗어나지 못하고 있는 상황에서 일본 국민들이 느끼는 패배감과 실망감은 더해만 갔다. 결국 1998년 대장성으로부터 금융행정을 분리시키는 작업을 진행했고, 한발 더 나아가 1869년 대장성 설립 이후 132년 만인 2001년, 예산과 외환을 관리하는 재무성, 그리고 금융정책과 감독을 맡은 금융청으로 분리되는 과감한 개혁이 단행되었다. 당연한 수순의 개혁이라고 평가한다.

대장성이라는 '절대 권력'은 결국 재무성으로 바뀌면서

---

* 　재량행정이란 제일선에 있는 관련 공무원이 행정과 관련한 개별 안건에 대해 관련 법령의 테두리 안에서 일정한 판단을 하는 것을 말한다.

일부 권력을 금융청에 이양해야만 했다.

대장성은 사라지고 재무성이 등극하다

2008년 1월 1일, 당시 이명박 대통령 당선인은 대통령 직인수위원회 새해 시무식에서 "일본의 대장성 개혁에 감탄했다"고 언급해, 당시 모든 일간신문에서 우리나라도 일본의 대장성과 같은 개혁이 필요하다는 1면 기사를 내보냈던 기억이 난다. 이 대통령의 발언으로 한국의 미디어는 '대장성 알아보기' 열풍을 불러일으켰고 연일 이웃나라 일본의 정치 및 경제 개혁 배우기에 대한 칼럼과 기사가 넘쳐났었다.

사실 일본의 대장성은 1869년 나라의 곳간을 맡기 시작한 이래, 지금까지 도쿄대학 경제학과와 법학과 출신 동문회 집단이라고 할 만큼 관료 중의 관료로 대우받으면서 세상 무서운 줄 모르고 막강한 권력을 행사해 왔던 곳이다. 우리나라의 기획재정부에 해당하는 일본의 대장성은 금융기관에 대한 인허가권과 각종 규제방식에 대한 결정권, 그리고 금융기관의 불법적 행위에 대한 제재권한에 이르기까지 엄청난 권력을 갖고 있던 곳이다.

그뿐만이 아니다. 일본은행에 대한 업무감독과 예산인가권, 게다가 일본은행장 및 이사에 대한 인사권까지 소유하고 있었으니, 한 나라의 곳간을 통째로 쥐고 흔드는 막강한 권력집단이었다는 것이 거짓이 아니었음을 증명한다. 금융기관들은 대장성과의 원만한 관계를 맺어야만 알게 모르게 다양한 혜택이 주어지기 때문에 관료들의 비위를 맞출 수밖에 없었고, 그럴수록 대장성 관료들은 하늘을 찌르고도 남을 권력에 스스로 도취되었다.

대표적인 규제로 예를 들면, 토요타TOYOTA와 닛산NISSAN은 상용차를 만들고, 마즈다Mazda와 이스즈ISUZU는 특수차량을 만들도록 규제하는 거다. 이를 따르지 않는다는 것은 하룻강아지 범 무서운 줄 모르는 이야기다. 왜냐하면 그런 기업은 결국 은행을 통한 자금조달에 어려움을 겪도록 제제를 당하기 때문이다. 하다못해 은행이 고객에게 주는 선물용 달력에까지 규제를 가할 정도로 간섭했다는 유명한

일화가 있을 정도였으니까…

　그렇다면 자민당은 왜 대장성과 손을 잡았을까? 그건
자민당이 대장성으로부터 얼마만큼의 국가예산을 확보할
수 있을까에 관심을 갖고 있었기 때문이다. 왜냐하면 일본
의 고도성장 과정에서 대장성은 이익배분의 집행기구로
활용되었는데, 자민당 의원들이 필요한 예산을 받게 되면
그에 대한 대가로 대장성이 추진하고자 하는 법안을 국회
에서 통과시켜주는, 한마디로 도랑치고 가재잡고, 마당쓸
고 돈 줍는 관계를 맺어 왔던 것이다. 이렇게 무소불위無所
不爲의 힘을 가지고 있던 대장성을 해체한다고 하니, 관료
집단의 조직이기주의로 인한 반발이 또 얼마나 심했을까?
　그런데 대장성이 권력을 남용하기 전까지는 나름대로
긍정적인 평가도 있었다. 대장성은 강력한 금융 산업에 대
한 규제권한을 바탕으로 소위 호송선단식 금융행정을 실
시하면서 고도성장을 이끌어 온 장본인이기 때문이다. 그
러니까 기본적으로는 기반이 약한 금융기관도 도산하지 않
도록 이자율 및 각종 금융규제 조치를 활용하고, 심각한 경

영문제에 직면한 금융기관이 발생할 경우 가능하면 대형 금융기관의 도움을 받아 살아날 수 있도록 주선하거나, 최악의 경우에도 파산이 아니라 합병하도록 유도하여 전체적으로 금융 산업의 안정을 높이고자 했다. 그 결과 1955년부터 1994년까지 최소한 일본 땅에서 은행의 명백한 파산은 발생하지 않았을 뿐만 아니라 외국계 은행을 제외한 새로운 은행이 시장에 진입하는 것도 허용하지 않았다.

그러나 대장성은 버블경제와 국제화에 따른 금융환경이 변하는 과정을 지켜보고는 더 이상 정부규제를 동반한 호송선단방식으로는 금융 산업을 운영한다는 것이 어렵다고 판단하였다. 앞에서 말씀드린 것처럼 부동산 버블이 붕괴된 이후 기업의 부실채권이 회수되지 못하면서 금융기관이 도미노 무너지듯 연속적으로 파산하고, 다이와은행 사건과 대장성 관료들의 부정접대 행위가 수면 위로 떠오르면서 이제 개혁은 피할 수 없는 현실로 다가왔다는 것을 깨달은 것이다.

그렇다면 왜 지금까지는 이런 사실을 인지하면서도 정부가 나서서 선뜻 개혁하지 못했던 걸까? 그 이유는 개혁에 따른 문제점도 고려하지 않을 수 없기 때문이다. 우선 개혁을 마주한 공무원들이 성격이 다른 조직과 융화하는 데는 꽤 시간이 걸린다. 새롭게 생겨나는 부처에 조직문화가 뿌리내리려면 상당 기간이 소요되고 그 전환비용transaction cost도 만만치 않을 거다.

그리고 또 하나, 공무원 수는 일의 양에 관계없이 상급 공무원으로 출세하기 위해 부하의 수를 늘릴 필요가 있다고 인식하기 때문에 일정한 비율로 증가하고, 지출 역시 수입만큼 증가한다는 것이다. 일본의 유명한 경제 평론가인 오마에 겐이치大前研一, 1943~도 '공무원 조직은 외압으로 파괴되기 전까지는 끊임없이 자기 증식을 추구하는 집단'이라고 비판했다. 정부조직이 커지면 국민혈세를 낭비하는 것은 말할 필요도 없거니와 관료사회가 규제를 만들어내면서 거대한 이익집단이 되려는 관성의 법칙이 작용하는 곳을 개혁해야 하지 않겠는가?

일본에서는 전후 고도경제성장이 그냥 이루어진 것이 아니라 정치적인 측면과 제도적 장치의 밀접한 조화 덕분이었다고 믿는 사람들이 많다. 다시 말해 일본 정부의 국가 주도적 경제정책이 없었다면 일본의 고도경제성장도 불가 능했다는 뜻이다. 대장성의 부정부패라든가 권력 남용 등은 당연히 청산해야겠지만, 그렇다고 해서 대장성이 갖고 있는 본질적인 긍정적 역할까지 부정하고 싶지는 않은 거다. 일본 특유의 사무라이 문화가 여기서도 나타난다.

상층부의 결정에 대해 문제제기보다는 그저 복종하는 사무라이 문화가 이제는 개혁의 걸림돌로 작용하고 있다.

3대 메가뱅크

2001년 고이즈미 총리小泉淳一郎, 1942. 1.~ , 재임기간 2001. 4.~2006. 9.는 불황을 타개하고 경제성장을 달성하기 위해 '성역없는 개혁'을 추진했다. 2004년 3월 노동자파견법이 개정되면서 비정규직 노동자들이 급증하게 되고 기업은 노동자 해고에 유연하게 대처할 수 있도록 신자유주의정책을 도입했다. 또한 부실채권 문제를 처리하고 민간기업의 과잉 설비투자와 고용 문제를 해결하기 위해 공적자금을 투입하여 도시은행들의 통폐합을 유도하였다. 말 그대로 성역 없는 개혁처럼 진행했다.

1947년, GHQ는 일본을 점령하고 있던 시절에 재벌을 해체하는 과정에서 독점금지법을 만들어 금융지주회사를 금지해 왔지만, 1997년 일본 정부가 독점금지법을 개정하면서 금융지주회사 설립이 가능해졌다. 이를 계기로 출현한 3대 메가뱅크가 미즈호은행 みずほ銀行, 미츠이스미토모은행 三井住友銀行, 미츠비시UFJ은행 三菱UFJ銀行 등이다. 이 은행들이 지금의 일본 금융기관을 대표하고 있기 때문에 하나씩 알아보는 것은 의미있을 것이다.

첫째, 미즈호은행이다. 다이이치강교은행 第一勧業銀行과 후지은행 富士銀行, 니혼코교은행 日本興業銀行 등 3개 은행이 1999년 8월 합병을 전격 발표하면서 2002년에 탄생한 금융그룹이다. 미즈호 금융그룹은 합병과정에서 3개 은행의 전산통합에 상당한 어려움을 겪었다. 크기가 유사한 3개의 은행을 합병하고 재편하는 과정에서 전산 장애가 발생했고, 계좌이체 장애를 수작업으로 대체하는 등 고생을 겪은 끝에 2004년 말에 가서야 전산통합을 마무리했다고 한다. 그런데도 전산 장애는 여전하다. 2021년 8월에도 거래가 중단되는 사태가 일어나면서 고객들의 불안감이 증폭되고 있다.

둘째, 미츠이스미토모은행이다. 2001년 4월 미츠이 그룹의 사쿠라은행さくら銀行과 스미토모 그룹의 스미토모은행住友銀行이 합병해서 탄생한 메가뱅크이다. 영어로는 스미토모미츠이금융그룹SMBC이라고 쓴다. 두 은행을 합병할 때 누구 이름을 먼저 쓰느냐를 갖고 기싸움하지 않고 일본어로는 미츠이를, 영어로는 스미토모를 앞에 쓰는 지혜를 발휘해 만든 거다. 일본식 화和의 전형적인 모습이라고나 할까?

셋째, 미츠비시UFJ은행이다. 1996년 4월 미츠비시은행三菱銀行과 도쿄은행東京銀行이 합병하여 도쿄미츠비시은행이 되고, 2001년에는 미츠비시신탁은행三菱信託銀行, 일본 신탁은행日本信託銀行과 합병하여 미츠비시도쿄금융그룹을 탄생시켰다. 이후 2005년 UFJ은행을 합병하면서 총자산 336조 엔의 일본 최대 도시은행이자 은행 총자산 기준으로는 세계 5위의 미츠비시UFJ은행으로 탄생했다. 본 은행은 국제금융거래에 강점을 갖고 있다.

사실 버블이 붕괴되던 1990년대 초까지만 해도 일본은행은 자본금 또는 자산규모 면에서 세계 10대 은행 중 6개를 차지할 정도로 큰 규모를 갖고 있었지만, 의외로 해외수익 비중은 미미할 정도였다. 버블 당시 토지를 담보로 이자놀이와 땅따먹기에 급급했던 은행이 해외영업에 관심을 돌릴 만한 유인誘引이 없었다고나 할까?

그런데 이제는 구조조정이 어느 정도 마무리된 상태에서 경제 불황이 지속되고 있는 국내시장만을 대상으로 경영할 수 있는 달콤한 환경이 아니다. 해외영업을 적극 공격하는 전략을 추진해야 한다는 긴장감이 흐른 거다. 특히 일본 정부가 공적자금을 투입하여 구조조정을 추진하는 과정에서 해외진출 경험과 규모의 경제를 실현할 수 있는 3대 메가뱅크 중심으로 이루어지도록 유도한 것이 결과적으로 성공한 것이 아닌가 싶다.

3대 메가뱅크는 구조조정이 마무리되면서 본격적으로 국제화를 위해 달려갈 준비를 마련하였다. 일본은행들의 부실채권 비율이 점점 하락하고 수익성이 조금씩 상승하면서 경영지표가 눈에 뜨일 정도로 좋아졌는데, 그건 해외부문에서 약진했기 때문이다. 즉 2005년 기준으로 해외대출은 20조 엔 미만에 불과했지만 10여 년 만인 2014년에는 60조 엔에 육박할 정도로 비약적인 증가세를 보였고, 또 이때까지는 국내에서 벌어들이는 이자가 수익의 중심이었다면 이제는 수수료 수익이 증가하면서 수익성 측면에서 개선도 보여주었다는 점이 괄목할 만하다. 특히 2008년 글로벌 금융위기 이후에는 기업 고객의 경우 신디케이트론 주관 수수료, 유동화 관련 수수료 등 대출 업무 관련 수수료 수익 비중이 늘어났고, 개인 고객의 경우에는 연금과 방카 상품Bancassurance 판매에서 나오는 수수료를 챙겼다.

은행의 수수료 수익은 경영 위기 시 담보가치의 하락에 따른 불안한 영향을 받지 않기 때문에 비교적 경기 대응적인 수입원이어서 안정적이다. 일본은행들의 수수료 수익 비중이 지금은 약 25%에 달하고 있어 은행 내에서 투자증권 업무를 같이하는 유럽계 은행을 제외하면 국제적으로도 꽤 높은 수준이라고 할 수 있다.

그러니까 부동산 폭락으로 담보가치가 하락하면서 호되게 당한 은행들이 체질개선을 제대로 한 것이다.

제로금리정책 이후의 변화

일본은행은 1991년 7월부터 1995년 9월에 이르기까지 8차례에 걸쳐 6%에서 0.5%에 이르기까지 금리를 인하했다. 이 정도의 금리는 지금의 상황에서는 놀랄 일이 아니지만 당시까지만 해도 세계 역사상 유례를 찾기 힘든 초저금리 수준이자 비정상적인 금리였다. 그런데 여기서 그치지 않았다. 1995년 9월 이후 다시 공정금리를 인하하기 시작하더니 98년 9월에는 0.25%까지 인하했다. 소위 케인스적인 경기부양책으로서의 금융재정정책을 총동원한 것이다.

이때 등장한 것이 소위 '와타나베 부인Mrs. Watanabe'이다. 오늘날 한국의 서학개미에 빗대어 설명하면 이해하기 쉬울 거다. 그러니까 제로금리 수준으로는 저축을 해도 이자가 없어 차라리 일본의 엔화를 빌려 해외의 고수익 자산에 투자하면 이익이 생길 수 있으니, 직장에 나간 남편을 대신하여 평범한 가정주부들까지도 해외로 투자 기회를 찾아 나서면서 외환시장을 좌지우지할 만큼 큰 손으로 등장한 것이다. 2000년대 중반 도쿄외환시장 거래량의 30%를 와타나베 부인들이 차지하였다고 하니 어느 정도인지 짐작이 갈 만하다.

아무튼 이렇게 초저금리를 유지하는 이유는 당연히 이점이 있기 때문이다. 우선 엔화약세를 유도해 수출기업의 가격경쟁력을 향상시켜 수출증대효과를 가져올 수 있고, 또 기업이 대출받은 금융비용 부담을 완화시켜 수익을 개선시키는 효과도 기대할 수 있다. 즉 금리를 제로수준까지 인하한다는 것은 단기적인 자금수요를 충족시킬 수 있도록 중앙은행이 자금을 충분히 공급한다는 것을 의미한다. 이렇게 되면 금융시장의 유동성 부족에 대한 불안감은 크게 해소할 수 있다. 또한 초저금리정책으로 금융기관의 자금조달 비용을 낮추어 주기 때문에 금융 중개활동을 촉진하는 효과도 나타날 것으로 기대하였다. 그러나 일본은행의 금리인하는 경기자극 효과보다는 부작용이 더 컸다. 그 이유를 세 가지로 요약해 보도록 하자.

첫째, 은행은 융자를 해 준 기업이 도산할 경우 부실채권화될지도 모른다는 두려움 때문에 대출을 기피해 왔다. 그래서 중앙은행이 금융완화정책을 실시해도 효과가 없었던 것이다.

둘째, 금리를 인하하면 예금자의 이자 수입이 감소하기

때문에 금융소득이 줄어든다. 이 시기의 개인자산이 대략 1천조 엔 정도였는데, 단순히 계산해서 이자율이 1%만 내려가도 연간 10조 엔의 소득이 감소하니 그만큼 소비도 줄어드는 것이다.

셋째, 경기대책과 엔고대책을 동시에 운용하는 것이 쉽지는 않다. 즉 1985년 플라자 합의 이후 약 2년간 엔고가 진행되었을 때 이를 억제하기 위한 방편으로 공정금리를 인하했던 것을 기억할 것이다. 그런데 그때에도 결과적으로는 엔고를 멈추지 못했다. 공정금리를 인하하면 미국이나 유럽과 금리격차가 나기 때문에 엔화 하락을 유도할 수 있으리란 계산을 했지만, 엔화에 대한 글로벌 신뢰도가 떨어지지 않는 이상 하락폭이 크지 않았던 것이다.

경기침체국면이 계속되자 일본 정부는 1998년 4월과 11월에 각각 17조 엔, 24조 엔 등 두 차례에 걸친 사상 최대 규모의 경제회생정책을 추진하였다. 이때 필요한 돈은 대규모 국채를 발행해서 해결했다. 결국 1998년 10월

0.7%까지 하락했던 장기국채만기 10년 수익률이 1999년 2월 초 2.6%까지 상승하였다.

일본은행은 이와 같은 장기금리의 상승이 기업의 투자나 민간 소비에 악영향을 미치고 엔화강세에 따른 수출경쟁력 약화로 이어져 경기침체를 초래할 것이라고 판단하고는 1999년 2월 일단 콜금리 목표를 0.25%에서 0.15%로 인하하였으며, 이후 0.02%까지 떨어트려 디플레이션 우려가 불식될 때까지 콜금리를 사실상 제로 퍼센트로 유지하겠다고 천명하였다. 그러니까 근본적인 불황 타개책으로 저금리정책과 재정확장정책을 내세웠고, 그 결과가 바로 자본주의 역사상 전례가 없는 제로금리를 선언하여 장기금리인하를 유도한 것이다.

이후 2000년 8월 일본은행은 정부의 반대에도 불구하고 제로금리를 해제했지만 IT 버블이 붕괴되고, 또 미국경제가 여전히 침체국면에서 빠져나오지 못하자 2001년 3월부터 다시 제로금리정책을 실시했다. 그리고 5년 4개월이 지난 2006년 7월에 가서야 제로금리정책을 해제했다.

이유야 여러 가지 있겠지만 한두 마디로 정리하자면,

지금까지 제로금리정책을 실시했다고 해서 경기가 살아난 것도 아니고, 또 이제는 일본 경제가 제로금리를 해제해도 견딜 만큼 충분한 여건이 마련되었다고 판단했기 때문이다. 그리고 제로금리정책이 지속될 경우 과잉투자로 인한 경기과열과 인플레이션 및 버블 발생의 위험성이 있을 것이라는 우려도 있었다.

금리가 이렇게 중요한 변수다.

중앙은행의 역할은 정말 지대하다. 금리가 '절대 반지'는 아니지만 금리정책에 따라 경기가 바뀔 수 있으니...

부동산 버블 붕괴는 어쩌다 시작되었나

4. 지금은?

30년간 멈춰버린 소고기덮밥

1991년 필자가 일본에 유학할 당시의 요시노야吉野家 소고기덮밥 가격이 30년이 지난 지금의 가격과 별반 차이가 없다고 하면 여러분들은 놀랄 수도 있다. 당시 나리타공항에 첫발을 디뎠을 때 공중전화요금이 10엔이었는데 지금도 10엔인 것도 놀랄 일이다 대신 통화시간은 단축되었다. 한국은 당시 버스요금이 170원이었지만 지금은 현금으로 낼 경우 1250원이다. 한국의 버스요금이 7배 오르는 동안 일본은 거의 변함없이 여전히 디플레이션에 빠져 정체상태에 있다.

어떤 이는 말한다. 아니, 물가가 하락하면 생활비가 적게 들어 좋은거 아냐?라고. 그러나 상품과 서비스 가격만 하락하는 게 아니라 여기에는 임금도 포함된다는 것을 기억해야 한다. 오히려 보유자산의 가치가 떨어지는 것이다. 그러면 소비가 줄고, 기업 실적이 나빠지면서 일자리가 줄어들고 임금은 또 삭감된다. 물가하락이 결코 좋지 않은 이유가 여기에 있다.

디플레이션이 되면 경제 활력이 떨어진다. 그래서 2013년 초부터 아베노믹스를 통해 이런 분위기를 확 바꾸려고 했고, 그래도 잘 안되다 보니 도쿄올림픽을 통해 전환점을 만들려고 했다가 코로나19가 확산되면서 2021년 여름에야 간신히 개최되었지만, 코로나19는 확산되고 디플레이션은 여전히 일본 사회를 짓누르고 있다.

사실 외국인인 우리들에겐 일본의 디플레이션이 득템이기는 하다. 그 맛있는 규동을 30년 전 가격으로 먹을 수 있으니...

잃어버린 20년으로 이어진 부동산 버블

1990년부터 2000년대 초까지 이어진 일본의 경제 불황 이후 이 여파는 2012년 아베노믹스가 실시되기 이전까지 이어져 오면서 이것을 '잃어버린 20년'으로 부르고 있다. 남의 나라 이야기라서 이렇게 쉽게 말할 수 있지만, 지난 30여 년간 단 2%의 성장도, 2%의 인플레이션도, 2%의 급여 상승률도 없었다고 상상해 보라!

대한민국도 최근 문재인 정부 들어와 짧은 시간에 수도권 및 전국 광역도시의 아파트 가격이 평균 두 배는 상승했는데, 앞으로도 부동산 가격 상승이 멈추지 않고 3~4배 폭등한 후 폭락한다고 상상해 보면 아찔한 생각이 든다. 집 없는 분들은 당연히 그렇게 되어야 하는 거 아냐?라고 속 시원해 할지 모르겠지만, 일본이 잃어버린 20년에서 30년을 말하고 있는 시점에서 대한민국은 부동산 폭락이 트리거가 되어 몇십 년간 성장이 멈추는 일은 결코 없을 것이라고 어느 누가 장담할 수 있겠는가?

사실 일본의 부동산 폭등 수준에 비해 우리나라 부동산

이 두 배 정도 오른 것은 뭐 '껌값'이라고 안위할 수도 있다. 그러나 더 이상은 무리다. 산이 높으면 골도 깊은 법, 고점을 찍게 되면 떨어지는 충격이 그만큼 크기 때문이다. 그리고 폭락의 후유증은 오래갈 것이다.

1992년 이후부터는 일본의 주택가격이 본격적으로 폭락하기 시작했지만, 그럼에도 비싼 돈을 주고 단독주택이나 만숀한국식 아파트을 구입한 단카이 세대는 억울하다는 생각에 자신이 구매한 금액보다 내려서 팔 생각을 하지 못했다.

1997년에는 태국을 시작으로 외환위기가 아시아로 확대되면서 일본 기업의 동남아 및 한국 투자자산이 대거 파산하며 일본 기업도 다시 줄도산하기에 이르렀다. 그리고 IMF 다음 해인 1998년 -1.1%를, 1999년에도 -0.3%를, 2000년에는 +2.8%, 그리고 2001년 0.4%, 2002년 0.1% 등 저성장이 지속되었다.

일본이 달러 기준 성장률 발표를 폐지하고 1998년부터 엔화기준으로 통계를 바꾼 이유가 여기에 있다. 일본인의 소득이 늘어나기는커녕 꾸준히 제자리걸음인데도 달러화 기준 GDP는 성장하는 것처럼 통계의 역설이 문제가 된 것이다.

이러한 마이너스 성장은 아베노믹스를 위시한 강력한 양적완화 드라이브를 통해서 다소 나아지긴 했으나, 그럼에도 그 엄청난 후폭풍의 피해는 20년이 지나 오늘날에 이르기까지 영향을 미치고 있다. 2018년 이후부터는 일본인들의 가처분소득이 한국에 역전당했으니, 이 모든 게 부동산 폭락이 가져온 결과라고 하면 무리한 해석일까?

요약해서 말하자면, 부동산 폭락 이후 일본 경제의 체력이 약해졌다는 의미이다.

새로운 비즈니스 사업

버블이 무너지면서 건물의 시세차익을 통한 수익을 기대하기 어려워지자 안정적인 임대수익을 확보할 수 있는 종합부동산 서비스산업이 새로운 성장산업으로 발전하고 있다.

일본은 한국과 달리 전세 개념이 없어서 집을 살 만큼의
목돈이 없으면 월세를 택할 수밖에 없다. 그래서 기업이
돈이 되는 임대사업에 뛰어드는 것이다. 그 결과 현재 일
본의 임대주택 중 80% 이상이 전문 위탁기업에서 관리하
고 있다. 우리나라처럼 노후에 월세나 받자며 원룸을 지어
본인이 직접 관리하는 경우는 일본에서 찾아보기 어렵다.

일본 최대 규모의 임대관리업체 다이토켄타쿠大東建託의
경우, 2021년 11월 현재 약 113만 가구를 관리하고 있고
주택은 약 6만호 정도를 공급하고 있다. 본업인 건축보다
임대 매출이 더 큰 구조이다. 다이와하우스大和ハウス는 약
30만 가구를 관리하는 2위 임대관리업체로 금융서비스를
연계하여 성공을 거뒀다. 이곳은 입주자 전용 신용카드를
발급한 후 이 카드로 임대료를 결제하면 수수료를 면제해
주는 서비스를 통해 입주자들에게 홍보하고 있다.

그 외 세키스이하우스SEKISUI HOUSE와 미츠이부동산三井不
動産도 임대사업에 뛰어들었다. 미츠이부동산은 1950년대
중반 임대관리업체로 출발하면서 개발 계획 수립부터 건

설은 물론이거니와 임대 관리와 렌탈, 레지던스 운영 등 부동산 관련 종합 서비스를 일괄 제공해 오고 있다. 인구 구조 변화를 예상하고 도심을 중심으로 1~2인 가구 대상의 소형 주택을 공급해 공실 발생 가능성을 줄이는 전략으로 전체 매출에서 임대사업이 차지하는 비중이 건설과 분양사업을 웃돌고 있다.

부동산 역시 상품이기 때문에 가장 기본적인 가격결정 요인인 수요와 공급의 원칙이 적용되어야 하지만 실제로는 '때를 놓치면 더 뛴다'라는 투자^{또는} 투기 심리가 시장에서 더 크게 지배하고 있는 특별한 '재화'이기도 하다. 돈이 없으면 못 사는 분들도 초저금리 상황이 지속될 경우 투기수요나 전매 차익을 목적으로 대출받아 분양권 투자에 뛰어들어 수요가 발생하면서 또 다른 버블을 만들어 내고 있다.

아마 한국도 부동산 버블이 무너질 즈음이면 기업형 주택임대사업이 비약적인 성장을 이룰지도 모르겠다. 집값 하락의 버팀목 역할을 한다고 전 세계적으로 자랑해 왔던 한국의 전세제도가, 지금은 저금리가 장기화되면서 점점 사라지고 월세로 급격히 전환되고 있다는 점에서 앞으로 일본식 기업형 주택임대사업이 활성화될 수도 있다. 향후 전세가 급격히 없어지는 추세임을 감안할 때 비즈니스 감각이 뛰어난 사람이라면 해 볼 만한 사업일 수도 있다.

예를 들어 임대만 전문으로 하는 기업형 부동산업자라던가, 아니면 젊은 벤처사업가들이 임대 플랫폼을 만드는 건 어떨까.

제5장

한국 이야기

1. 한국 사회의 '이생집망'*

버블은 근거 없이 무너지지 않는다. 그렇다고 버블이 한 순간에 빵하고 터지는 것도 아니다. 분명히 빅 이벤트가 있다. 일본 사람들이 버블이 붕괴되는 기간에 소비를 하지 않았느냐 하면 그렇지 않다. 일상생활을 똑같이 했다. 다만 가격이 조금씩 빠지는 것을 실감하면서 앞으로도

*   '제5장 한국이야기'를 꼼꼼히 읽어 주시고 조언을 해 주신 남기업 토지+자유연구소 소장님께 감사드립니다.

계속 떨어지겠지 하며 과잉 소비를 하지 않다 보니 디플레이션이 이어졌다. 주택은 더하다. 조금만 기다리면 더 떨어질 텐데 지금 사면 손해라는 생각이 지배적이어서 집값의 '하방 경직성'이 무너진 것이다.

일본의 샐러리맨들이 평생 돈 벌어 늘그막에 자기 집 한 채 마련하는 게 소박한 꿈인데 그렇게 마련한 집이 3분의 1 토막이 되어 버렸고, 그걸 보고 자란 자녀 세대들은 더 이상 부동산에 관심을 갖지 않게 되었다. 관심이 없는 정도가 아니라 솔직히 능력도 안 된다. 몇십 년째 정체되어 있는 급료로는 엄두를 내기도 어렵거니와, 20대 싱글 세대의 45%가 저축 제로라는 데이터가 집 살 능력이 없는 지금의 세대를 대신 말해준다.

버블경제 이후 30여 년 동안 새로운 성장엔진의 산업을 육성하지 못하고 침체된 경제를 그대로 방치해 온 대가로 저축 제로인 젊은 청년들이 어떻게 창업을 꿈꾸겠으며, 어떻게 새로운 도전을 하겠는가? 그냥 필요한 걸 소비할 뿐, 30여 년이 지난 지금도 부동산 구매는 당치도 않은 사치에 불과하다. 지금 한국 사회에서 유행하는 '이생집망'^{이번 생에}

서 집을 살 수 없어 망했다이라는 말은 아마도 30년 전 일본의 청년들과 무주택자들로부터 시작되었는지도 모른다.

그래서 우리나라 부동산은 일본을 따라간다는 말이 있다. 일본이 부동산과 주가에서 폭락을 경험했듯이, 우리나라 역시 폭락까지는 아니어도 가격 하락을 경험할 것이라는 말이다. 물론 이 말이 일부는 맞고 일부는 틀릴 수 있다. 일본과 완벽하게 똑같은 '시추에이션'은 아니니까...

어떤 분석가는 일본의 버블이 한창이던 1986~1990년 기간 동안 지가가 3배 상승한 것과 비교해 우리나라의 주택가격 상승률이 특별히 높은 것은 아니어서 일본식 버블의 가능성이 희박하다고 분석하기도 하지만, 이는 최고 시점 기준으로 3배이고 피크였던 기간은 잠깐 동안일 뿐이어서 3배라는 숫자가 크게 보일 뿐이다. 우리의 경우 지가나 아파트의 상승 후 머무는 시점이 오랜 기간이기 때문에 버블이라고 느끼기에 둔감한 경향이 있다. 아무튼 어떤 점이 일본 부동산 폭락과 다르다는 주장인지 몇 가지 예를 들어 보겠다.

첫째, 우리나라가 일본과 비슷하게라도 부동산 폭등이 오려면 원화 가치가 1,200원에서 600원대까지 급격히 절상되고 그 결과 해외 부동산을 마구잡이로 사들일 정도의 위력을 가져야 하는데, 원화의 가치가 외부 압박을 받을 만큼 강한 화폐는 아니고, 또 원화는 대개 경기사이클과 같은 방향으로 움직이기 때문에 자산 가격 하락이 한국 경제 시스템 전체를 디플레이션으로 전이하는 일은 어려운 일이라는 것이다.

둘째, 지금의 저금리 시대에서 더 인하하거나 아니면 최저금리 상황이 그대로 유지될 경우 원화의 유동성이 풍부해지면서 대출을 하지 않는 사람들이 바보취급당하는 분위기가 지속되다가 어느 날 홀연히 한국은행이 짧은 시간 안에 가파르게 금리를 인상하면서 대출규제를 강화하는 정책 실수를 남발할 정도가 되어야 하는데, 한국 금융 당국이 그렇게 바보는 아니라는 것이다.

셋째, 이 두 가지 조건이 맞아떨어진다 해도 짧은 시간

안에 한꺼번에 이루어져야 하는데, 이런 일은 없을 테니 일본식 부동산 폭락은 없을 거라는 주장이다.

그렇지만 이러한 주장 역시 빈틈이 있다. 원화 강세가 급격히 이루어질 가능성이 희박하다는 것에는 동의하지만, 혹시 그럴 경우 일본의 튼튼한 내수시장과 달리 5천만 인구라는 작은 내수시장의 규모와 대외무역에 상당히 의존하고 있는 한국의 경제구조상 원 절상을 일본만큼 견딜 수 있는 체력이 없다. 그러니 가능성이 희박한 것을 전제로 비교할 수는 없다.

게다가 코로나19로 전 세계 경제가 대부분 정체되어 있거나 마이너스 성장률을 보이고 있는 상황에서 우리나라 역시 금리인하를 유지해 왔지만 2021년 8월 한은이 금리를 올리기 시작했고, 여기에 농협을 시작으로 대출규제가 본격화되면서 이야기는 달라지고 있다. 통화유동성이 약해지는 상황에서, 혹시 이러다가 부동산이 폭락하는 거 아냐?라는 지금까지의 상승에 대한 집단기대심리가 무너질 가능성이 있다. 여기에 더해 미국의 테이퍼링tapering*의 영향으로 또다시 금리가 인상될지도 모른다는 불안감도 한몫할 것이다.

정부입장에서 적당한 수준의 부동산 상승은 수선을 떨면서도 눈감아 주는 측면이 있지만, 갑작스런 폭락은 결코 원치 않을 것이다. 이를 거꾸로 말씀드리면 당분간은 인위적으로 떨어뜨리지는 않겠지만 경기가 좋아지고 금리가 상승하기 시작하면 일정 부분은 폭락할 가능성이 있다는 의미이다. 또한 가계마다 막대한 부채를 안고 있는 상황에서 한국은 결코 부동산 폭락에 안전하다고 할 수 없다. 전 세계에서 가장 빠르고 심각한 고령화 속도를 보이고 있는 우리나라가 일본처럼 집값 폭락 사태를 겪는 것 아니냐는 우려가 그래서 나오는 것이다.

---

*   미 연방준비제도(Fed)가 양적완화정책의 규모를 점진적으로 축소해 나가는 일종의 출구전략으로, 투자가들은 금리인상을 예상하고 자산을 매각할 가능성이 높기 때문에 시장에서는 공포심리가 감돌게 된다. 2021년 11월 30일, 미국의 제롬 파월 Fed 의장이 '테이퍼링 가속화' 발언을 하자 미 뉴욕증시가 급락한 것이 그런 이유다.

그런 점에서 볼 때 1980년대 후반 일본의 부동산 가격 급등과 최근 우리나라의 부동산 급등 풍경은 비슷한 점이 많다. 한국과 일본 모두 경기를 회복시키기 위해 금융완화 정책을 강력하게 펼친 시기에 통화량이 증가하면서 부동산 버블이 형성되었고, 또 두 나라 모두 상당 기간 이어진 저금리를 기반으로 부동산이 올랐다는 점도 그렇다.

　　이런 건 사실 일본을 따라 할 필요가 없다.

2. 일본과는 상황이 다르긴 하다. 그러나

일본의 버블과 지금의 한국 상황은 유사한 점도 많다. 우선 코로나19가 만연했던 2020년 대한민국은 국민소득이 마이너스 성장을 보였지만 그럼에도 불구하고 전국 땅값이 전년대비 10.4%나 상승했다. 결과적으로 국민순자산이 6.6%나 상승하면서 피케티지수*는 11.4배라는 기록적

---

*   국민순자산을 국민순소득으로 나눈 값이다.

인 수치를 기록했다. 참고로 일본은 6.1, 미국은 4.8, 독일은 4.4에 불과하다. 물론 한국의 11.4배라는 수치가 부동산 가격이 비정상적으로 높아져서 그럴 수도 있고 반대로 코로나19 여파로 소득이 줄어들어서 그럴 수도 있다. 그렇다 하더라도 이는 1990년대 초 일본의 부동산 거품이 정점에 달했던 당시의 피케티지수 9.8배보다도 높은 수치이다. 다른 어떤 선진국들도 8.0을 넘지 않았던 시대였다.[*]

이에 대해 기본소득당 용혜인 의원은, 우리나라의 국민순소득은 마이너스 성장을 했는데 토지자산이 상승한 핵심원인은 바로 부동산 상승에 있다고 못박았다. 그래서 용의원은 "피케티지수가 클수록 국민경제 전체의 소득 분배에 자본이 가져가는 몫이 커지면서 불평등 세습사회로 가게 된다"[**]고 지적한 것이다.

사실 부동산 버블은 한국 사회에서 부동산으로 인한 부

---

[*] 《파이낸셜뉴스》(2021. 8. 5.), 〈코로나 원년에도 피케티지수 '역사적' 급등〉 기사 참고.

[**] 기본소득당 브리핑 보도자료(2021. 8. 9.) 참고.

의 불평등에 관한 불만세력이 늘어나는 원인이 되고 또 공동체의 건강을 해치게 되기 때문에 반드시 시정해야 할 대상이다.

그렇다면 이제 한국의 버블 발생 가능성을 일본과 비교하면서 설명해 보도록 하자. 일부 학자들이나 유튜버들은 한일 간 환경도 다르고 상황이 다르기 때문에 일본식 버블이 발생할 가능성은 '택'도 없다고 한다. 그렇지만 모든 것이 그렇듯, 택도 없을 만큼 반드시 그렇다는 것도 없고, 또 그럴 수도 있는 것이 세상 일이다. 그 '택'도 없다는 이유를 정리하면 대략 아래의 다섯 가지 정도로 요약이 가능한데 이를 반박해 보고자 한다.

첫째, 매매 대상에 대한 차이점이다. 일본은 주로 도쿄를 포함한 6대 도시 중심으로 상업지의 상업용 부동산과 오피스빌딩에서 버블이 발생한 후에 전국의 주택으로 확대해 나갔지만, 한국은 주로 아파트와 토지에서 버블이 형성되어 있기 때문에 상황이 다르다는 주장이다.

부동산 버블 붕괴는 어쩌다 시작되었나

물론 일본은 목조로 지어진 단독주택 비중이 높고 실거주자가 대부분이어서 주택매매 거래량이 우리나라의 아파트처럼 활발하지는 않지만, 지금 이 책에서 이야기하고자 하는 것은 아파트만 이야기하는 것이 아니라 전반적인 부동산 폭등과 폭락에 관한 이야기다. 그리고 실제로 우리나라의 아파트도 일본의 단독주택이나 맨션과 마찬가지로 성격상 실수요자들이 주거하고 있어서 투기세력이 들어와 가격이 상승해도 또는 하락해도 기분만 좌우될 뿐 차익을 벌기 위한 실거래는 전체의 일부에 불과하다. 그럼에도 불구하고 현재 강남을 중심으로 수도권과 광역시에 이르는 지역의 아파트 값은 아무리 생각해 봐도 너무 올랐다. 아마도 살고 있는 사람들은 더 오르길 바랄 것이다. 그래서 버블이라고 하는 것이다.

둘째, 일본과 우리나라의 거품의 크기와 기간이 다르기 때문에 일본식 버블 붕괴는 없다는 주장이다. 한참 버블기였던 1986~1990년간 일본 6대 도시의 평균 땅값은 3.07배나 상승했지만, 우리나라는 일본처럼 4~5년이라는 짧은 기간에 이 정도 오른 지역이 거의 없다는 것이다. 물론 세종시나 강남 3구만 비교할 경우 상승률은 비슷할지 모르겠지만 일본처럼 수도권과 광역시만으로 한정한다 해도 이 정도의 단기간에 급등한 곳이 없다는 주장이다.

그러나 일본처럼 그리도 짧은 시간에 부동산이 폭등한 사례는 전 세계에서도 찾기 힘들 정도이니 그대로 동일해야만 폭락할 것이라는 전제는 잘못된 전제이다. 폭등한 정도가 두배라면 그 정도에 알맞게 조정될 것이고 세 배라면 역시 그에 비례하여 폭락할 것이기 때문에, 버블이 빠지면서 한국 경제성장의 발목을 잡지 않도록 하기 위해서는 폭등의 폭을 줄이는 정책을 실시해야 한다. 일본의 부동산 폭락 초기와 비교하면 한국 부동산 시장 상승률이 일본만큼 짧은 기간에 가파르게 올라갔다고는 할 수 없지만, 그래도 타산지석他山之石으로 삼기에는 일본의 버블 붕괴만한 사례는 없을 것이다.

셋째, 버블형성의 주체가 다르다는 주장이다. 즉 일본은 기업과 부동산업자 등의 법인이 버블을 이끈 주체인데

반해, 한국은 주로 개인투자가들이 시장에 적극적으로 참여하고 있어서 일본식 부동산 붕괴는 없다는 것이다. 버블이 붕괴되는 시점이 오면 법인은 도산을 막기 위해 급하게 부동산을 처분하려고 시장에 내놓겠지만, 개인은 손해를 최소화하기 위해 버티는 경향이 강해서 상승분만큼 단기간에 빠지지는 않을 것이라는 주장이다.

그러나 한국만큼 부동산에 관심있는 민족이 있을까 싶을 정도로 개인들도 법인 못지않게 민감하게 움직이고 있다. 아파트공화국이라고 할 만큼 주거형태가 압도적으로 높기 때문에 '개인'이라고 우습게 볼 수는 없다. '동학개미', '서학개미'처럼 주식시장에서도 개인의 힘이 그렇게 커지듯이, 일본의 기업형 부동산업자나 법인보다 실질적으로 더 많이 움직이는 것이 한국형 버블형성의 주체인 개인이기 때문이다.

또 하나, 정말로 한국은 법인의 부동산 투기가 미미한 걸까에 대한 의문이다. 다음 그래프를 보면 알 수 있듯이 한국 법인들이 토지 구입에 투입하고 있는 자금 규모는 OECD 주요국의 평균에 비해 약 9배에 달한다. 법인의 토

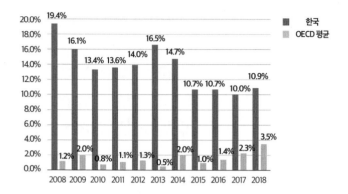

**OECD 주요국의 '총고정 형성자본' 대비
'비생산비금융자산'(토지) 순구입 비율**

남기업 '토지+자유연구소' 소장(2021. 8. 9) '세바정' 정책포럼 발표자료 중 발췌

지 투기가 그만큼 심각하다는 것이다. 일본과 크게 다를
바 없다.

넷째, 버블 당시 일본은 부동산 불패 신화를 강하게 신
뢰하고 있어서 주택담보비율^{LTV}이 100~120%였지만, 한국
은 아직까지 이렇게 무모한 대출을 해 주는 금융권이 존재
하지 않는다는 주장이다. 그러니까 한국은 40~70% 수준

이고 지금은 정부의 각종 규제정책으로 그나마 대출이 제한되어 있어 나름대로 안전장치의 역할을 하고 있다는 것이다.

그런데 이 부분은 정부가 버블을 막기 위해 이 정도라도 규제해서 그나마 다행이라고 해석해야 옳은 말이다. 만일 일본처럼 시장에 맡겨 두었다면 지금쯤 정말 최악의 부동산 버블을 경험하고 있을지도 모르는 일이다. 그러니 정부의 정책을 '실책'이라고 단정하기엔 무리가 있다. 그리고 그건 과거의 실패로부터의 교훈도 있다.

무슨 말인고 하면, 우리나라는 과거 노무현 정부 때 부동산 폭등기를 맞으면서 대출한도제한LTV, DTI 규제 등을 두어 이러한 사태를 사전에 예방했다고는 평가받고 있지만, 당시 대출한도가 50% 전후였음에도 불구하고 대부분의 저축은행과 제2금융권에서는 90%에 육박하는 추가대출을 해 준 것을 잊지 말아야 한다. 이로 인해 2011년 초 저축은행의 영업정지사태와 가계부채 급증으로 이어졌고 이는 지금도 현재진행형이다.

일본은 아베노믹스 이후 지금까지 주택론 금리가 1%

를 넘지 않고 있고 지금도 LTV는 90~100%나 된다. 주택을 구매할 의지만 있으면 충분히 가능한데도 버블 붕괴의 후유증이 아직도 남아 있어서 주택매매를 꺼려한다. 아마 우리나라도 부동산 버블이 붕괴된다면 월세나 임대주택에 주거하는 것을 지금처럼 부끄러워하거나 감추려 하지 않을 것이다. 왜냐면 일본이 그랬으니까.

다섯째, 일본은 주로 대규모 택지개발 후에 주택을 공급하기 때문에 공급량이 충분히 늘어나는 구조이지만, 한국은 주로 한국토지주택공사나 지방공사 등 공공기관이 개발제한구역이나 농지를 수용한 후 택지로 조성해서 주택을 공급하기 때문에 공급량 자체가 많지 않다는 것이다. 그래서 아직은 공급이 부족한 형편이어서 버블이 아니라는 주장이다.

그렇다면 양국의 주택보급률을 살펴보자. 일본의 주택보급률이 100%가 된 것은 전국 기준으로는 1968년에, 그리고 대도시권만 한정하면 이미 1972년에 100%에 도달했다. 이에 비해 한국은 1995년 기준으로 전국의 주택보급률은 73.9%에 불과했지만 일본과 25년차가 되는 2002년에 이르러는 100%에 도달했으며 2015년에는 102.3%, 그리고 2019년에는 104.8%에 이르렀으니 공급이 부족한 것은 아니라고 할 수 있다.

그런데 자가보유율은 상황이 조금 다르다. 1995년 자가보유율은 53.2%인데 25년이 지난 2019년에 와서도 56.3%로, 불과 3% 증가한 정도에 그쳤다.[*] 주택이 꾸준히 증가했는데도 자가보유율이 정체되어 있다는 건 무슨 의미인가? 누군가가 다량으로 사들였다는 증거이다. 이건 주택소유에 대한 불평등이 심각하다는 의미이자 주택이 돈벌이 수단으로 거래되고 있다는 증거이다. 부동산을 통한 불로소득이 없다면 주택을 다량 보유할 필요가 없다. 결국 투기인 것이다. 그리고 이들은 토지와 집값이 상승해야만 돈을 버는 구조이기 때문에 버블이 팽창되길 원하고 있다. 그래서 정부도 이러한 투기를 막으려고 조중동에 그

---

[*]   남기업(2021. 8. 9.), '세바정' 정책포럼 발표자료 중 발췌

렇게 욕 얻어 먹으면서도 수십 가지 부동산 규제정책을 내놓는 것이다.

이럴 때 조심해야 한다. 부동산 투기로 벌어들이는 불로소득을 참지 못하는 강력한 리더십이 나타나서 한 방에 부동산 투기를 잡을 수도 있으니까...

3. 5천만 부동산업자

또 하나, 집에 대한 소유욕에 대해서는 여러 이유들이 있겠지만 우리나라 국민성이 가장 크지 않을까 한다. 한국 사람들에겐 '집 없는 설움'과 '못 배운 설움'에 대한 아픔이 크다고 하는데, 못 배운 설움이야 전 세계 1위나 다름없는 대학진학율로 어느 정도 해결이 되었고, 집 없는 설움도 앞서 언급했듯이 주택보급율만 보면 사실상 해결이 된 셈이다. 문제는 살living '집'이 없는 것이 아니라 내가 살buying '멋진 아파트'가 없는 거다. 반드시 아파트여야만 하는 인식이 바뀌지 않는다면 젊은 세대들의 영끌이 어쩌면 평생 빚쟁이로 살게 되는 걸림돌이 될 수 있다.

영화 〈싱크홀〉2021. 8. 개봉을 보면 화가 난다. 왜 내 집 마련의 꿈을 이룬 주인공의 '빌라'를 부실공사로 만들고, 또 지하 500미터 싱크홀 속으로 빠져들어가게 했는지, 아파트가 아닌 빌라를 그렇게 해야 했나 화가 난다. 그러니까 서민들이 빌라를 우습게 안다. 영화 속 김승현 역을 맡은 이광수는 빌라를 구입한 상사 집에 집들이 가서는, 왜 아파트로 안 갔냐, 아파트로 간 누구누구는 벌써 2억이 올랐다라고 눈치없는 발언을 한다. 이게 2021년 현재 한국의 5천만 서민들이 일상적으로 하는 대화이다. 추석 한가위 기간 동안 대선이야기보다 아파트 가격 이야기가 더 많다. 5천만 인구가 다 부동산에 관심을 갖는 나라가 되었다.

사실 '집'에 대한 인식이 한일 간에 다르긴 하다. 국중호

2013[*] 교수에 따르면, 일본은 무사정권 시절의 봉건적 성격이 강해 백성들의 번(藩)간 이주를 엄격히 제한해 왔기 때문에 한곳에 눌러앉아 살아가려는 정주성定住性의 특징을 보이고 있지만, 한국은 '사람은 서울로, 말은 제주도로'라는 속담이 있을 정도로 인재와 자원이 특정지역, 예를 들어 수도권으로 모여드는 '쏠림현상'이 강하다고 했다. 게다가 같은 지역 안에서도 갈아타기가 빈번할 정도로 매매건수가 일본보다는 많은 특징이 있다.

이렇든 저렇든 우리가 조심해야 할 것이, 일본도 당시 버블이 붕괴될 것이라고 말하는 전문가들이 있기는 했지만 지배적인 견해는 아니었다. 오히려 더 오를 것이라고 예측한 분석가들이 많았다. 소비자들에게 불안심리를 증폭시키는 것이 소위 '장사'가 잘 되는 측면이 있어서 그럴 수도 있다. 이들이 인기가 있다 보니, 정부가 고강도 규제

[*]   국중호(2013), 『호리병 속의 일본』, 서울: 한울.

를 발표할 때도 더 늦으면 영영 내 집 마련을 못할 수도 있다는 선동이 시장에 고스란히 반영되면서 매수심리에 패닉 바잉panic buying이 만연해 지는 것이다.

국토연구원2021. 1. 8.의 자료를 보면 전국주택시장의 소비자심리지수CCSI*가 3.6포인트 상승134.9했다고 발표했고, 또 전민일보2021. 8. 24.에서도 2021년 8월 현재 주택가격에 대해서는 아직 더 상승할 것이라는 낙관적인 전망을 갖고 있어서 소비자심리지수가 125에서 127로 상승했다는 보도를 낸 것도 이런 이유 때문이다.

일본 국민들이 집값 상승에 불안해할 때 정부가 규제에 나서긴 했지만 은행들은 아랑곳하지 않고 추가로 담보 대출을 해 준 것도 상승을 더 부추겼다. 당시 너 나 할 것 없이 부동산 시장에 뛰어들어도 불안함이 없었던 것은 인간의 오만과 탐욕이 멈추질 않은 탓이 크다.

*   기준값 100보다 높으면 장기평균보다 낙관적임을, 적으면 비관적임을 의미한다.

이후 일본은행이 금리를 인상하자 은행들이 원금 회수에 나섰고 이때부터 분위기를 파악한 매수자들이 매물을 투척했으나 더 이상 매수자가 나서지 않으면서 가격이 하락하고 그래서 기업이든 개인이든, 그리고 은행까지도 얻은 것은 후회요, 잃은 것은 20년이 되어 버렸다.

지금 한국의 분위기가 비슷하다. 정부 관료들이 지속적으로 지금의 부동산 가격이 고점에 도달했다고 강력히 경고해도 많은 유튜버들이 아직도 고점이 아니라고 한다. 비등점을 향해 끓어오르는 물처럼 더 오를 것이라고 한다. 일본식 부동산 버블이 보인다고 하면, '한국은 일본과 상황이 다르다'라며 무시한다. 인간의 끝없는 탐욕에 기대어 집값이 더 오를 것이라는 환상에서 빠져나오지 못하고 있다. 이곳은 사실 오래 머무를 곳이 아니다.

환상 속에 부동산이 있다. 모든 것이 이제 다 무너지고 있어도 환상 속에 아직 부동산이 있다. 지금 부동산의 모습은 진짜가 아니라고 말한...다...

4. 한국의 가계부채

일본은 국가부채가 문제이지 개인자본은 한국의 수배에 달한다. 일본은 경제구조상 부동산이 아니더라도 경제를 지탱하는 힘이 튼튼하기 때문에 부동산이 폭락했다고 해서 일본 경제까지 무너진 것은 아니라는 점을 지금도 증명하고 있다. 한국은 이제 GDP 대비 가계부채비율이

OECD 국가 중 최고 수준으로, 2021년 3월 말 171.5%*에 이른다. 가계부채의 대부분은 다른 나라와 달리 주택을 담보로 빌린 대출이 많고 주로 고소득층의 대출이 압도적인 비율을 차지하고 있기 때문에, 가계부채가 문제되거나 상환이 어려워질 가능성은 크지 않다는 주장도 있다. 문제는 소비에 쓰일 소득이 대출로 인한 이자로 지출되면서 소비 둔화현상이 생긴다는 데 있다. 그렇게 되면 유효수요가 감소되고 내수시장의 회복은 어려워진다.

일본의 부동산 버블의 하락이 대출규제에 이어 조세정책이 더하면서 시작되었다는 점을 참고해 보자. 우리나라는 다른 나라에서는 볼 수 없는 전세제도 자체가 자금조달의 수단으로 활용되고 있어서 대출규제를 전세제도로 대체할 수 있기 때문에 주택가격 안정에 결정적인 영향력을 미치지는 못하다는 단점이 있다. 그렇지만 조세정책은 기대수익률 조정을 통해 개인의 투자결정에 직접적인 영향

---

*　　한국은행(2021. 6), 『금융안정보고서』

을 미치기 때문에 주택수요 자체를 변화시킬 수 있어서 일
본처럼 조세제도를 병행한다면 부동산 가격의 안정에 도
움이 될 수도 있다.

한편 인플레이션이 나타나거나 주택공급이 어려워질수
록 전셋값은 오르기 마련이다. 전세가격이 받쳐주면 매매
가격은 당연히 그보다 높은 수준으로 오르기 때문에 전세
제도가 부동산 가격 하락의 완충작용을 해 왔지만, 최근
인구주택총조사 결과를 보면 저금리시대가 지속되면서 전
세가 줄어들고 임차가구의 70%가 월세로 거주하는 것으
로 나타났다. 20년 전 전세 비중이 70%였던 것과 정반대
다.* 전체 임대시장에서 전세가 줄어들고 있다는 의미는
집주인들이 전세 보증금에 해당하는 금액을 부동산담보대

---

* (2021. 9. 12. YTN 뉴스)서울 아파트 10채 중 4채가 '반전세'이고 지속적으
로 전세의 월세화가 가속되고 있다고 보도했다. 새 임대차법 시행 이
후 전세물량이 급감하면서 울며 겨자 먹기식으로 '반전세' 또는 '월세'
로 계약을 맺는 사례가 증가하고 있는 것이다. 한국도 이렇게 변하고
있다.

출로 전이했다는 의미이기도 하다. 전세라는 사금융을 대출이라는 공적 분야로 전환하고 있다는 이야기다.

문제는 이자율 상승과 코로나19로 인해 자영업자를 비롯해 서민들이 가계부채를 감당하지 못할 경우 은행은 아마도 담보 효력이 줄어든 대출자들에게 회수를 요구할 것이고, 이를 감당하지 못하는 집주인들을 상대로 차압이 들어갈 텐데, 보통 한국사람들은 자기 집에 딱지 붙는 것에는 극도로 예민해서 차압 전에 눈물을 머금고 급매라도 내놓게 될 수도 있다. 그때 가면 부동산 시장에는 경매가 쏟아질 가능성이 높아진다. 일본이 그랬다.

한국은 여러 분야에서 시간차를 두고 일본을 따라가는 경향이 있다. 몇십 년 전 일본의 버블 붕괴와 함께 폭락한 부동산 시장이 제대로 된 반등조차 없이 20년 가까이 지속적으로 하락해 온 것을 보면서 조만간 한국도 이렇게 되는 것이 아니냐는 우려가 그래서 나오는 것이다.

그렇다면 우리는 어떻게 해야 할까? 코로나19 사태가 종식된 후에 부동산 시장에 버블이 끼어 있다고 판단된다면 한국은행이 국내 경기회복 속도를 감안하면서 기준금리를 천천히 단계적으로 인상하는 것이 바람직할 것이다. 그런 점에서 볼 때 2021년 8월 26일, 한국은행이 기준금리를 0.5%에서 0.75%로 0.25% 인상하는 첫 단추를 끼운 것은 적정한 수준의 대처라고 할 수 있다.

그런데 한국은 아무리 정부가 나서서 부동산 가격을 지키려고 해도 시장을 이기지 못하고 있다. 그러나 시장을 이기는 정부도 없다고 하지만 정부정책을 이기는 시장도 없기는 마찬가지다.

이번에는 누가 이기나 보자. 시장일까 정부일까 궁금해진다.

5. 저출산 고령화 문제

우리나라는 일본만큼 부동산 버블이 끼어 있지도 않고, 또 주택개발방식과 선호주택 형태도 크게 다르기 때문에 일본과 단순 비교하는 건 무리가 있다는 분석도 다수 있지만, 고령화 속도, 그리고 저출산 문제는 우리가 더 빠르기 때문에 유비무환有備無患이란 측면에서 살펴보는 것은 의미 있다.

2020년 통계청 발표에 의하면 우리나라 전체 인구 중 65세 이상의 고령화 인구 비중은 14.9%를 차지하고 있고,

농촌의 고령화는 무려 46.6%에 이르고 있다. 생산가능인구마저 줄어들고 있어서 일본처럼 집값 폭락 사태를 겪는 것 아니냐는 우려가 나오는 것은 당연하다고 본다. 우리보다 앞서 고령화가 진행된 일본이 1990년대 초반 생산가능인구 감소에 부동산 버블 붕괴가 맞물리면서 장기간 주택 가격 하락 사태가 빚어졌기 때문이다.

고령사회로 인해 노동력이 줄면 소비와 생산이 동시에 감소해 경제는 직격탄을 맞을 수밖에 없다. 한국은행은 노동인구 투입이 이런 추세로 줄어들 경우 2036년을 넘어서면 경제성장률이 0%가 된다는 분석을 내놓기도 했다. 이주열 한은 총재는 "잠재성장률이 2.8~2.9%로 하락한 데는 노동생산성 증가율 둔화가 주요 요인으로 작용하고 있다"며 "급속한 인구고령화는 미래 성장 잠재력을 급락시킬 수 있다"고 말했다.

인구고령화는 경제성장은 물론 인플레이션, 경상수지, 재정 등 거시경제 전반에 영향을 미치고 부동산 시장도 여기에서 예외일 순 없다. 저출산과 기대수명 연장에 따른 인구고령화는 은퇴계층의 소득감소, 고령 1~2인 가구 증가,

주택매입 주 연령층 감소 등의 경로를 통해 주택시장의 구조변화를 유발한다. 무엇보다 은퇴에 따른 소득감소는 주택처분, 역모기지 등 자산유동화 필요성을 증가시켜 주택수요 증가세를 둔화시킬 가능성이 크다. 특히 우리나라는 2020년부터 베이비붐 세대1955·63년생가 고령층에 대거 진입함에 따라 주택수요 구조변화가 불가피한 상황이다. 그래서 그런지 최근 우리나라는 사회학자들을 중심으로 인구고령화를 근거로 한 주택시장 비판론이 대두되고 있다.

사실 부동산 자산 가격이 지속적으로 상승하기 위해서는 주택의 공급보다는 구매수요가 증가해야 하고 경제활동 인구 중 주택수요인구가 증가해야 주택가격이 상승할 텐데, 주택 구매의 핵심층인 35~55세까지의 인구수는 2012년 이후 심각한 수준으로 매년 감소하고 있고 고령화는 급속도로 진행되는 데도 여전히 집값이 상승하는 것은 버블이 아니고는 설명이 어렵다.

한국 사회의 하우스 푸어House Poor*도 심각하다. 대략 57만 가구의 하우스 푸어가 상환해야 할 빚이 150조 원에 달한다고 한다.** 그러니 현재의 집값에서 10%만 떨어져도 대출금을 갚지 못하는 하우스 푸어가 얼마나 더 증가할지 상상이 가는가? 여기에 더하여 금리가 1% 오른다고 가정할 경우 하우스 푸어는 추가적으로 더 늘어나거나 몰락할 텐데, 그렇게 되면 아마도 시장에 부동산 매물이 쏟아져 나오면서 동시에 중산층이 붕괴될 것이다.

벼락거지, 청포족, 주포원, 한글이 우수한 문자이긴 하다. 신조어***를 계속 만들어 내고 있으니...

---

*   금융감독원이 정의하는 '하우스 푸어'의 개념은, 빚 갚는 데만 소득의 60%를 넘게 쓰고 집값과 금융자산에 비해 빚이 과다한 대출자를 말한다.

**   금융연구원 "가계부채의 미시구조 분석 및 해법" 세미나(2012. 9. 30) 내용 참고

***   벼락거지란 자신의 소득에 별다른 변화가 없는데 부동산과 주식 등의 자산 가격은 급격히 올라 상대적으로 빈곤해진 사람이고, 청포족은 주택청약을 포기한 사람을, 그리고 주포원은 주택담보대출 상담을 포기한 은행원을 말한다.

6. 부동산 폭등은 시장 실패다

일본이든 한국이든 부동산 열기는 시장 실패market failure 의 전형적인 사례이다. 시장의 자원 배분상태가 비효율적 으로 작동하기 때문이다. 그러니까 주거시설이라는 독과 점 문제, 외부효과, 정보의 비대칭성 등 시장의 실패에 나 오는 교과서적인 사례가 모두 여기에 해당한다.

일본이 잃어버린 10년 이후에도 여전히 경기침체에서 벗어나지 못하는 원인은 결국 부동산 문제가 가장 큰 주범 이라는 것을 알 수 있다. 물론 산업구조에도 문제가 있었을 테고, 저출산 고령화 현상도 중대한 영향을 미친 것을 부정하는 것은 아니지만, 역시 잃어버린 10년에 이어 이제는 잃어버린 30년까지 이야기가 나올 정도로 불황의 긴 터널에서 빠져나오지 못하는 가장 직접적인 계기는 1991년 4월부터 시작된 자산 가격의 폭락이고 자산 가격 중에서도 부동산 폭락이라고 단언할 수 있다.

앞으로 우리나라가 코로나19 이후 본격적인 장기불황에 들어설 가능성이 조금이라도 보인다면, 그건 일본이 경험했던 것과 거의 유사하게 부동산 시장의 버블 붕괴가 계기가 될 가능성이 아주 높다.

그렇다면 일본식 장기침체에 빠지지 않을 수 있는 방법은 있기는 한 것일까? 사실 이 책의 전부를 통틀어 말하고자 하는 부분이 바로 이것이다.

첫째, 중장기적인 측면에서 산업구조와 저출산 고령화의 변화에 따른 대응도 해야 하겠지만, 단기적인 측면에서 시급하게 해야 할 것은 주택시장에서 보이고 있는 버블 붕괴의 리스크에 대비하여 금리정책과 주택공급정책 등을 선제적으로 적극 대응할 필요가 있다.

문재인 정부 들어 부동산 대책이 27개였느니 30개였느니 하지만 이렇게 지속적으로 부동산 규제를 하고 있음에도 불구하고 아파트 가격이 떨어지지 않는 것은 아직까지 상승의 여유가 있다고 믿는 사람들이 많기 때문일 것이다. 그러나 과도한 부동산 규제를 계속 강화하다 보면 분명히 건설업과 토목회사들, 그리고 다주택자 입장에서는 투자에 위축이 든다. 대기업은 수출 호조로 성장을 하고 있지만 국내의 대부분 기업들은 지금 코로나19로 경제성장이 둔화되고 있다는 판단을 하고 있고, 가계 역시 소득이 줄면서 소비도 감소하고 있어, 이것이 주택가격 하락의 압박요인이 될 것이다. 그리고 이렇게 반복되다 보면 악순환 고리에 빠지면서 부동산 버블 붕괴로 이어져, 일본의 사례에서 알 수 있듯이 본격적인 경기침체, 저성장 경제로 추락할 가능성을 배제할 수는 없다.

둘째, 한국은 2017년을 정점으로 생산가능인구가 줄기 시작했다. 주택보급은 2019년 기준으로 104.8%인 상황에

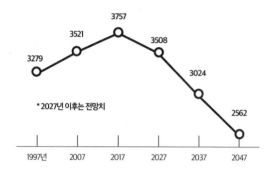

한국의 생산가능인구 감소 추세

통계청 장래인구추계(단위: 명)

서 향후 고령화가 심화되면 집을 살 의향이 있는 사람이 줄어들 것은 당연한 순리다. 시기적으로 일본과는 차이가 있고 또 한국만의 특성이 있다고는 해도 큰 틀에서 볼 때는 일본식 패턴과 유사한 부분이 많다. 그래서 우리나라의 부동산 시장도 뒤따라서 위축될 가능성이 높기 때문에 조만간 일본과 같은 부동산 가격의 하락과 함께 지속적인 경기침체가 일어날 수도 있다.

셋째, 일본식 부동산 발 경기침체에 빠지지 않기 위해서는 금리정책, 조세정책, 주택공급정책 등 모든 정책 수단을 동원하여 주택시장을 안정시켜야 한다. 문제는 조세정책의 경우 조세저항의 우려가 있고, 주택공급 역시 그린벨트를 해제하고 재건축 요건도 완화해서 신도시를 건설할 때까지는 상당한 시간을 필요로 한다. 어쩌면 이 과정에서 단기적으로는 투기수요만 자극하여 또다시 가격 상승 요인으로 작용할 가능성도 높다.

다행이라고 하기엔 그렇긴 하지만, 우리나라는 IMF 외환위기를 겪으면서 상당한 구조조정을 한 경험이 있고, 또 이 과정에서 부동산 버블의 폐해를 줄이기 위해 직접규제와 조세정책에 상당히 의존하면서도 공적부담금을 위한 재정지출 가능 규모는 일본보다 적었던* 사례가 있으니, 앞으로도 잘 헤쳐 나갈 것이라고 믿는다.

---

*　　정재호(2005), "최근의 부동산 버블과 거시경제 분석", 한국부동산학회 Vol.24, p.219.

우리나라는 잘 대처할거다. 반면교사로 삼을 일본이 바로 옆에 있기 때문이다. 다른 나라도 아니고 일본이다.

7. 한국 부동산의 미래

문재인 정부의 부동산정책 실패를 빗대어 떠도는 유머가 있다.

집권 1년차, "누구나 '강남' 아파트에 살 필요는 없다."

장하성 청와대 정책실장(내가 강남 살아 봐서 안다.)

집권 2년차, "누구나 '서울' 아파트에 살 필요는 없다."

이해찬 민주당 대표(서울은 천박한 도시다.)

집권 3년차, "누구나 '아파트'에 살 필요는 없다."

진선미 민주당 미래주거추진단장(아파트에 대한 환상을 버려라. 임대주택도 살 만하다.)

집권 4년차, "누구나 '전세' 살 필요는 없다."

윤준병 민주당 의원(전세제도가 소멸하는 걸 아쉬워하는 것은 의식수준이 개발독재에 머물러 있는 것이다.)

집권 5년차, "누구나 '살' 필요는 없다."

부동산정책이 꼬이면서 변명하다 보니 2020년 11월 30일, 김현미 국토교통부 장관이 국회 국토교통위원회 현안 질의에 참석했을 때 '아파트가 빵이라면 제가 밤을 새워서라도 만들겠습니다'라는 발언을 한 적이 있다.

공급은 부족하고 수요는 많을 경우 균형점을 맞춰주면 매매가격은 안정된다. 빵처럼 만들어 필요로 하는 사람들에게 공급을 하면 수요는 안정된다. 그런데 여기서의 공급은 '주택'이 아니다. 주택은 남아돌고 있다. 부족한 건 시어머니가 이름을 외우기 힘들게 만든 '브랜드 아파트'이다.

일본에서의 노년의 삶은 연금과 근력이 결정한다는 생각이 널리 퍼져 있지만, 우리나라는 자식자랑과 영양제, 그리고 부동산이 그 자리를 대신하고 있다. 그러나 한국과 일본의 부동산 시장은 닮은 점도 많다. 우선 1980년대 후반 일본의 부동산 가격 급등과 우리나라의 최근 부동산 급등 풍경이 비슷하다. 한국과 일본 모두 경기를 회복시키기 위해 금융완화정책을 강력하게 펼친 시기에 부동산 버블이 형성됐다. 두 나라 모두 상당 기간 이어진 저금리를 기반으로 부동산 활황이 나타난 것이다.

일본과 한국 양국 모두 수도권과 지방 간 차별화, 자산의 양극화 현상이 심각하다는 점도 유사하다. 소득 대비 주택가격을 보면 부동산에 거품이 끼어 있는지 알 수 있다. 우리나라 중위中位 주택가격, 즉 주택가격이 가장 높은 것부터 낮은 순으로 줄을 세울 때 가장 중간에 해당하는 주택의 가격은 소득의 4배 수준이다. 서울지역만 따지면 8배 정도에 해당한다. 대도시의 경우 사회적 네트워크와 생활의 편리성 때문에 은퇴 이후에도 도심에서 살고자 하는 수요가 많아 갑작스런 부동산 폭락이 나타나지는 않겠지만 5대 광역시 이하 지역에서는 한국에서도 이미 빈집이 늘어나고 있다.

집 한 채는 실생활이지만 그 다음부터는 투자다. 현재 한국의 부동산 시장에서 20대 미만의 주택 구매는 실거주 목적보다는 투자 목적이 강하다. 투자하는 사람이 많게 되면 가격이 추가적으로 오를 수밖에 없는데, 이럴 때 공급이 늘어나면 실수요자가 아닌 투자자들이 회수해 버린다. 그러니까 가격이 오르는 것이다. 그런데 지금도 여전히 경제분석가들이 아파트가 더 오른다고 떠들어 대니, 보유세가 늘고 재산세가 증가해도 그 말을 믿고 매물을 내놓지 않고 있다. 집을 많이 갖고 있는 사람들이 가격이 오를 것이라 예상하고 시장에 매물을 내놓지 않으면 가격은 오를 수밖에 없다.

정책의 실패도 있다. 문재인 정부 들어 집 많은 사람들에게 '임대사업자'라는 인센티브를 줬다. 문제는 이 분들에게 4년간 팔지 못하게 하니까 매물을 내놓고 싶어도 높은 세금 때문에 내놓을 수가 없었다. 그러면 살 물건이 부족해지고 가격이 오른다. 이게 시장이다.

부동산 버블 붕괴는 어쩌다 시작되었나

그런데 지금은 다르다. 2020년 8월에 도입된 취득세는 그래서 투기수요를 줄이는 결정적인 정책으로 서서히 자리잡고 있다. 자가주택 외 한 채를 더 살 경우 취득세 8%를 내야 한다. 10억 원짜리 사면 8천만 원이 세금이다. 세 채부터는 12%의 취득세를 내야 한다. 이제 섣불리 투자 목적으로 집을 사기 힘들어지면서 투자수요가 감소할 것은 명약관화明若觀火다. 내가 집을 팔고 싶어도 실수요자가 아닌 이상 누군가가 8%의 취득세를 내주고 두 번째 집을 사줘야 하는데 이제는 그렇게 간 큰 사람들이 줄어들고 있다.

오를 때는 안 팔고 떨어질 때 파는 게 사람 심리다. 가격이 올라가면 더 올라갈 수도 있다고 믿는 욕심에 안 팔고 보유하고 있다가, 떨어지기 시작하면 더 떨어질까 봐 먼저 팔려고 한다. 이때부터 시장에 매물이 나오기 시작한다. 그런데 이렇게 매물이 나오고 가격이 떨어지면 사 줄 사람이 있어야 하는데 취득세가 부담되어서 섣불리 현금 갖고 복덕방을 방문하는 사람은 드물 것이다. 자 이렇게 되면 더 떨어질까 두려운 심리를 극복하지 못한다.

처음에는 부동산 가격 하락이 우리도 느끼지 못할 정도로 서서히 빠질 수도 있다. 사실 일본도 그랬다. 주가가 폭락한 이후에도 부동산은 1년 반을 더 버텼기 때문에 믿고 싶지 않았던 것이다. 우리 역시 그렇다. 부동산은 가격이 내려가면 안 팔고 그냥 살면 되기 때문에 당장 수요가 없다고 갑자기 가격이 확 빠지지는 않는다. 그래서 버티고 싶은 것이다.

그런데 이제는 이야기가 달라진다. 한국은행이 2021년 8월 26일, 금리를 0.25%_{0.5에서 0.75%로 인상} 올렸다. 그리고 석 달 뒤인 11월 25일 또다시 0.25% 올려 제로금리를 종식시켰다. 0.25%의 금리인상이 당장 시장을 급박하게 움직이는 역할을 하는 것은 아니겠지만 최소한 부동산 가격이 정상화하도록 하는 데 한 발자국 디뎠다는 신호로 받아들일 수는 있다. 게다가 수많은 규제정책이 뒷심을 받쳐주고 있지 않은가?

한은은 추가 인상도 시사했다. 실제로 그럴 경우 금리의 단기급등에 따른 부담감, 그리고 대출규제 강화와 조세부담까지 삼중고를 감내해야 하는 상황에서 주택 매수 수요는 감소하게 될 것이다. 다주택자들의 물량이 일시에 나올 경우 영끌한 젊은이들, 그리고 빚으로 산 사람들은 이 시기를 견딜 수 있을 만큼의 강단이 없어 손해를 보고 내놓을 가능성이 높다. 대출 원금과 이자를 갚지 못하면 은행이 집을 담보로 저당잡아 경매로 넘기기 때문이다. 일본이 그랬다. 그렇게 시장에 매물이 나오면서 부동산이 폭락한 것이다. 이렇게 되면 이제는 개인 문제가 아니라 우리 사회 전체의 문제로 확대된다.

이러한 때 혹시라도 한국은행이 일본처럼 금리를 급속히 올리게 되면 회복단계에 오르는 경제 상황이 나빠지게 되고 또 이자 부담 때문에 소비를 줄이게 되는 부채함정 debt trap에 빠질 가능성을 배제할 수는 없을 것이다. 그렇기 때문에 한은은 속도를 잘 조절해야 한다.

세상이 어떻게 바뀔지 그 누구도 모른다. 대략 예측은 할 수 있겠지만 정확한 것은 아니다. 그저 예측만 해 볼 뿐이다. 그래서 나도 예측을 한번 해 보자면, 코로나19 이후 2022년부터 우리나라는 저성장 기조가 굳어질 가능성도 배제할 수는 없다. OECD는 2020~2021년 한국의 평균 성장률이 1.6%라고 발표했다.* 대한민국 경제는 외형은 커진 것 같지만 내실은 약해지고 대기업은 돈이 쌓이는데 가계는 돈이 말라가고, 부유층 소득은 증가하는데 중산층은 감소하고, 국가가 리쇼어링Reshoring을 강조해도 해외로의 기업이전이 늘면서 국내 일자리는 줄어드는 등 수많은 리스크가 존재하고 있다.

한편으로는 국민의 20%가 전체소득의 80%를 차지하고 국민의 80%가 나머지 20%를 나누어 갖는 자본주의의 양극화현상이 심화되고 있으며, 전 세계 1위의 고령화속도와 저출산 문제를 껴안고 있다.

이러한 문제는 부동산 시장에 중장기적으로 강력한 하방압력으로 작용하면서 더 이상 부동산 시장과 주택가격의 상승을 기대할 만한 경제 체력을 기대할 수는 없을 것

---

* 2021년 9월 21일, OECD는 중간경제전망에서 한국의 올해 경제성장률을 4.0%로 제시했다. 미국의 6.0%, 영국의 6.7%보다는 낮지만 일본의 2.5% 예상보다는 높은 성장률이다.

부동산 버블 붕괴는 어쩌다 시작되었나

이다.

우리나라는 10~20년의 차이를 두고 일본의 경제성장과 비슷한 길을 따라가고 있다. 일본은 1990년대 버블 붕괴를 맞이한 뒤 20여 년을 헤어나지 못했다. 시장은 정부가 사라면 사고 팔라면 파는 곳이 아니기 때문에 정부정책이 아무리 많이 나와도 정책 대상자들이 어떻게 대응하느냐에 따라 시장이 형성될 수밖에 없다. 부동산 가격이 더 오를 것이라고 각종 데이터를 근거로 이야기해도 국민 대다수는 올라도 너무 올랐다고 한마디씩 한다.

우리나라 부동산 시장에 더 이상 가격 상승 유인誘因이 보이지 않는다. 앞으로 시간이 흐를수록 더…

후기

 부동산 가격을 영토가 넓은 미국이나 캐나다와 비교하거나 도시국가인 싱가포르나 홍콩과 비교하는 것은 의미 없지만, 일본은 우리나라가 사례로 참고하기 좋은 케이스를 갖고 있다. 그 케이스란 일본의 버블이 얼마나 무서운 결과를 가져왔는지를 공부하는 것이다. 왜냐하면 버블이 무너지면서 발생했던 '잃어버린 10년'이 10년으로 끝나지 않고 지금까지 그 후유증이 여전히 남아서 일본 경제의 발목을 잡고 있기 때문이다.

 경기침체와 디플레이션의 우려에도 불구하고 한국의 부동산 시장은 브레이크가 고장난 기차처럼 끝 모르고 정점을 향해 달리고 있다. 언젠가는 정점을 찍고 내려올 텐데, 지금도 한국 사회의 분위기로 봐서는 여전하여 그때나 가서야 버블이라고 인정할 것 같다. 그래서 가계는 물론이고 기업 역시 설비투자에 소극적으로 대응하게 되면서 경기침체를 몰고 온다.

사실 일본의 부동산 불패 신화는 일본 경제와 정치 시스템에 깊숙이 관여하면서 일본인들의 가치관을 지배하게 된 무서운 역병 같은 것이었다. 왜냐하면 일본 정부가 부동산 버블형성과 붕괴과정에서 정책적으로 미숙하게 대응하여 부동산 시장의 폭등을 연착륙시키지 못해 결국 기업의 불량채권을 껴안은 금융권이 부실화되고, 또 이에 따른 자금중개 기능이 상실되면서 일본 경제가 잃어버린 10년에서 20년, 그리고 최근에는 30년이란 이야기가 나올 정도의 장기침체기에 빠졌기 때문이다.

물론 일본 경제의 장기불황 원인을 부동산 가격 하락만으로 한정짓는 것이 침소봉대針小棒大로 비출 수도 있다. 플라자 합의 이후 급격한 엔고 현상이 발생하면서 수출기업들의 가격경쟁과 생산성 하락 등 산업구조 측면도 살펴봐야 하고, 또 생산가능성인구와 저출산·고령화 등 노동공급 측면도 그 원인으로 주목할 필요가 있기 때문이다. 그럼에도 불구하고 부동산 시장의 폭등과 폭락에 포커스를 맞춘 이유는 정부정책의 실패와 이로 인한 금융기관의 부실화로 이어지는 경기악순환의 사이클을 가장 큰 원인으로 보기 때문이다.

일본이 플라자 합의 이전부터 시작해 부동산이 3~4배씩 급격히 폭등하는 데도 수년간을 그대로 방치했다가 1990년 4월에야 부동산 시장을 규제한 것과 달리, 우리 정부는 지속적으로 부동산정책을 시장에 내놓았다. 이마저도 안 했다면 부동산 폭등을 잠재우는 데 한계에 직면할 가능성이 높고 부동산 가격 안정의 연착륙은 불가능할 것이다. 그것을 부동산정책의 실패라던가 무능한 부동산정책이라고 단정짓는 것은 그래서 잘못된 시각이다.

우리나라 부동산은 현재 소득 대비 집값이 너무 급하게 올랐다. 내가 사는 대전 둔산동의 아파트 가격은 무려 세

배나 올랐다. 2016년 2억 2천 매매가가 지금은 6억 2천에 거래된다. 그렇다고 내가 부자가 된 것은 아니다. 기분이 좋지도 않다. 난 그냥 이곳에 살 거니까.

해외의 주요도시의 소득대비 집값이 여전히 싸다는 전문가들도 있지만 부동산으로 빨려 들어가는 유동성은 계층 격차를 심화시키고 시장순환성을 경색시킬 뿐 생산성에도 기여하지 못한 채 개인부채비율만 증가시켜 왔다. 금융업계는 호황인지 모르겠지만, 부동산이 상승했다고 해서 중계업자들이 수수료로 돈 버는 것 그 외에는 어떠한 생산과 고용에도 기여하는 바가 없다.

인지상정人之常情으로 집 가진 사람 마음이야 더 올랐으면 하겠지만 결국 사회 전체적으로 보면 대한민국의 성장동력을 갉아먹는 과정이고 여기서 제대로 진화하지 못하면 진짜 향후 경제타격은 피하기 어려울 것이다.

사실 한국의 자산구조는 주로 중장년층에 집중되어 있고, 또 이 중 대부분이 부동산에 집중되어 있기 때문에 아무도 집값이 떨어지길 원치 않겠지만, 집값이 너무 올랐다고 생각하는 많은 서민들은 부동산 가격 하락을 적극 지지

하고 있다. 코로나19 이후 집값이 조정을 받게 되면 그 이후로는 수요에 의한 거래만 있을 뿐 투기를 위한 거래는 없어질 것으로 본다. 왜냐하면 아파트 거래로 돈 버는 시대가 막을 내렸다고 보는 투자가들이 늘어났기 때문이다.

물론 내년 대선이 끝날 때까지는 집값이 떨어지지 않겠지만 정권이 민주당이든 국민의힘이든 바뀌게 되면 분명히 요동칠 것이다. 그러나 그 요동은 적어도 상승은 아니다.

지금의 자장면 가격이 10여 년 전으로 안 돌아가듯 아파트 가격 역시 10여 년 전으로 복귀하길 원하는 것은 아니지만, 적어도 최근에 급격히 오른 가격이 빠지는 정도의 재조정은 분명히 있어야 하지 않겠는가? 내가 살고 있는 아파트의 가격 상승에 기여한 것이라곤 동대표한 것 외엔 아무것도 없는데 무려 세 배가 오르다니, 그것도 서울이 아닌 지방 대전에서...

내가 착한 사람은 아닌 것 같은데 이러한 불로소득은 죄를 짓는 기분이랄까 깔끔하지가 않다. 그러니까 일본식 붕괴까지는 아니더라도 '한국식 버블 재조정'은 필요하고 또 그렇게 되어야만 한다.

　지금 정도의 부동산 버블이야 한국 경제 체력상 견딜수 있겠지만, 이제 이 정도로 끝내야 한다. 왜냐하면 더 올랐다가 버블이 무너지면 그때부터는 일본처럼 디플레이션에서 헤어나지 못하게 되고 임금상승률 역시 멈추게 되어주택에 대한 추가구매가 이어지지 않을 것이기 때문이다.

　한국의 임금상승률이 지금까지는 물가상승률과 비슷하거나 웃돌았기 때문에 가처분소득이 증가하면서 주택 구매에 큰 부담이 없었는지도 모르겠지만, 금리인상 이후부터 디플레이션이 장기화되고 임금인상이 어려워지면 주택가격이 하락하는 것은 당연한 순서이다.

　그래서 일본의 부동산 붕괴를 이야기할 때, 'too late, too strong'이란 관용어를 자주 인용한다. 쉽게 해석하자면 부동산 거품을 방치한 채 놔두다가 늦었다 생각해서 거품을 뺀다는 것이, 그만 너무 강력한 정책을 한꺼번에 쏟아낸 결과 거품이 갑작스럽게 꺼졌다는 의미이다. 일본의 '잃어버린 10년'에 대한 책임은 정부의 부동산정책 실패에 있다는 책임 규명에 빗대는 말이다.

시장은 불확실성을 싫어한다. 국민들이 부동산 시장이 상승할 것이라고 느끼고 있다면 정부나 언론이 아무리 내릴 것이라고 기다리라고 해도 늦차라도 타기 위해 대출받아서 집을 장만하려고 할 것이다. 반대로 부동산 시장이 위태롭다고 느낀다면 그 불확실성의 두려움을 견디지 못하고 시장에 매물을 쏟아낼 것이다.

일본은 상승 때도 폭락 때도 불확실성을 견디기 힘들어할 때 아픈 상처에 소금 뿌린 것처럼 정부의 정책 실패가 가해져 그 폭이 더 컸던 것이다. 그 후 일본의 부동산 버블 붕괴 과정을 살펴보면, 거품붕괴 자체보다는 일본 정부의 정책 실패와 지연된 구조개혁이 잃어버린 10년을 가져왔음을 알 수 있다.

그러니까 부동산 버블 붕괴는 단순히 아파트 가격 하락으로 끝나는 문제가 아니다. 일본의 사례에서도 알 수 있듯이 '잃어버린 20년'이라는 장기불황의 직접적인 계기가 바로 부동산 가격 폭락에서부터 시작되었다는 점을 주목할 필요가 있다.

　일본이 2013년 이후부터 지금의 기시다 정권岸田文雄, 재임 기간. 2021. 10.~에 이르기까지 아베노믹스를 실시하면서 가시적인 효과를 가져왔다고 칭찬하고 싶어도, 벌써부터 잃어버린 40년으로 지속될 가능성을 점치고 있는 학자들이 나타나고 있다. 비록 아베노믹스 기간에 양적완화에 더불어 소비세를 인상하면서까지 겨우 2%의 인플레이션을 유발시키기 위해 노력했지만 아직까지 디플레이션을 벗어났다는 신호가 정확히 보이지 않고 있다는 점을 주목해야 한다. 그래서 일본이 버블 붕괴 이후 이력현상hysteresis effect* 으로 성장잠재력마저 침체되었다는 점을 지적하는 것이다. 따라서 일본과 같은 전철을 밟지 않기 위해서라도 부동산 가격의 폭등과 폭락은 한국 경제성장의 아킬레스건이라는 사실을 염두에 두어야 한다.

* 즉, 경기침체가 길어지는 동안 고용시장에서는 장기실업자가 증가하고 기업은 R&D와 설비투자를 주저하고, 금융권에서는 자금조달에 필요한 중개기능이 훼손되는 등 향후 침체에서 빠져나오더라도 침체 이전의 수준을 회복하지 못하는 현상을 말한다.

그런 의미에서 우리나라에서도 수도권을 중심으로 5대 광역시에 이르기까지 아파트 가격이 급상승한 만큼 하락할 때의 상처는 크게 다가올 것이기 때문에 더 이상은 상승되지 않도록 조절하는 것이 중요하다. 일본만큼 펀더멘털이 강하지도, 내수시장이 크지도 않은 한국 경제에서 일본식 장기불황을 피하기 위해서라도 주택시장의 안정은 반드시 필요하다. 그러니 이제 아파트 평당 1억 원은 압구정동과 청담동 정도에만 한정하도록 하자.

코로나19 바이러스의 감염 확대가 어느 정도 수습되면 전 세계에 풀린 막대한 자금 때문에 금융 버블이 찾아올 가능성이 높다. 전 세계에 뿌려진 기축통화인 달러 때문에 하이퍼 인플레이션의 점화기 역할을 할지도 모른다. 그러면 진짜 금융위기가 다가올 수 있다. 그로 인해 일본처럼 30여 년씩 디플레이션에 빠지게 되면 그야말로 감당하기 어려운 충격이 올 것이다. 지금 우리나라의 상황을 보면 세계 최하의 출산율로 인구는 지속적으로 감소하고 있지, 생산가능연령인구는 줄어들지, 고령화 속도는 일본보다 빨라지고 있는 것을 우리 눈앞에서 보고 있지 않은가?

부동산 버블 붕괴는 어쩌다 시작되었나

다행인 것은, 우리나라는 1997년 IMF와 2008년 세계금융위기를 경험하면서 구조적 문제를 상당히 해결한 경험이 있고 또 학습한 교훈이 있어서 일본식 부동산정책 실패는 피할 수 있는 방법을 찾을 수 있을 것이다.

이 책을 쓴 목적이 바로 그 방법을 찾는 거니까. 일본을 교훈 삼아...

부동산 버블 붕괴는 어쩌다 시작되었나

일본의 집값 폭락과 우리 이야기

초판 1쇄 발행일 2021년 12월 24일

지은이 강철구
펴낸이 박영희
편집 박은지
디자인 최소영
마케팅 김유미
인쇄·제본 AP프린팅
펴낸곳 도서출판 어문학사
       서울특별시 도봉구 해등로 357 나너울카운티 1층
       대표전화: 02-998-0094/편집부1: 02-998-2267, 편집부2: 02-998-2269
       홈페이지: www.amhbook.com
       트위터: @with_amhbook
       페이스북: www.facebook.com/amhbook
       블로그: 네이버 http://blog.naver.com/amhbook
           다음 http://blog.daum.net/amhbook
       e-mail: am@amhbook.com
       등록: 2004년 7월 26일 제2009-2호

ISBN 978-89-6184-985-2 (03320)
정가 16,000원

※잘못 만들어진 책은 교환해 드립니다.

이 저서는 2021학년도 배재대학교 교내학술연구비 지원에 의하여 수행된 것입니다.